（宋）蘇軾　撰

明成化本東坡七集

第五册

國家圖書館出版社

第五册目録

東坡集四十卷（卷第十四—十八）

卷第十六……八一
詩八十八首……八一

東坡集卷第十四

詩七十九首

歧亭五首 并敘

元豐三年正月余始謫黃州至歧亭北二十五里山上有白馬青蓋來迎者則余故人陳慥季常也為留五日賦詩一篇而去明年正月復往見之季常使人勞余於中塗余久不殺恐季常之為余殺也則以前韻作詩為殺戒以遺季常季常自爾不復殺而歧亭之人多化之有不食肉者其後數往見之往必作詩詩必以前韻凡余在黃四年三往見季常而季常七來見余蓋相從百餘

日也七年四月余量移汝州自江淮徂雒送者皆止慈
湖而季常獨至九江乃復用前韻通為五篇以贈之
昨日雲陰重東風融雪汁遠林草木暗近舍煙火濕下
有隱君子嘯歌方自得知我犯寒來呼酒意頗急拊掌
動鄰里遶村捉鵝鴨房櫳鏘器聲蔬果照巾冪久聞蔞
蒿美初見新芽赤洗盞酌鵝黃磨刀削熊白須臾我徑
醉坐睡落巾幘醒時夜向闌唧唧銅缾泣黃州豈云遠
但恐朋友缺我當安所主君亦無此客朝來靜庵中惟
見峰巒集
我哀籃中蛤閉口護殘汁又哀網中魚開口吐微濕剜

腸彼交病過分我何得相逢未寒温相勸此最急不見

盧懷慎烝壺似烝鴨坐客皆忍笑髠然發其冪不見王

武子每食刀机赤琉璃載烝豚中有人乳白盧公信寒

陋衰髮得滿幘武子雖豪華未死神已泣先生萬金

璧護此一蟻缺一年如一夢百歲真過客君無廢此篇

嚴詩編杜集

君家蜂作窠歲歲添漆汁我身牛穿鼻卷舌聊自濕

二年三過君此行真得得愛君似劇孟叩門知緩急

家有紅頰兒能唱綠頭鴨行當隔簾見花霧輕冪冪

為我取黃封親拆官泥赤仍須頰素手自點葉家白

三、七八

樂哉無一事十年不蓄幘閉門弄添丁哇笑雜呱泣西方正苦戰誰補將帥缺披圖見八陣合散更平聲主客不須親戎行坐論教君集

酸酒如虀湯甜酒如蜜汁三年黄州城飲酒但飲濕我如更揀擇一醉豈易得幾思壓茅柴禁網日夜急西鄰推甕盎醉倒猪與鴨君家大如掌破屋無遮冪何從得此酒冷面妬君赤定應好事人千石供李白為君三日醉蓬髮不暇幘夜深欲逾垣臥想春甕泣君奴亦笑我鬢齒行秃缺三年已四至歲歲遭惡客人生幾兩屐莫厭頻來集

枯松強鑽膏槁竹欲瀝汁兩窮相值遇相哀莫相濕不知我與君交遊竟何得心法幸相語頭然未爲急願爲穿雲鶻莫作將雛鴨我行及初夏煮酒映疏冪故鄉在何許西望千山赤茲遊定安歸東泛萬頃白一歡寧復再起舞花墮幘將行出苦語不用兒女泣吾非固多矣君豈無一缺各念別時言閉戶謝衆客空堂淨掃地虛白道所集

郭祥正家醉畫竹石壁上郭作詩爲謝且遺古銅劍二

空腸得酒芒角出肝肺槎牙生竹石森然欲作不可回

吐向君家雪色壁平生好詩仍好畫書墻涴壁長遭罵不嗔不罵喜有餘世間誰復如君者一雙銅劒秋水光兩首新詩爭劒鋩劒在床頭詩在手不知誰作蛟龍吼

龍尾硯歌并引

余舊作鳳咮石硯銘其略云蘇子一見名鳳咮坐令龍尾羞牛後已而求硯於歙歙人云子自有鳳咮何以此為蓋不能平也奉議郎方君彥德有龍尾大硯奇甚謂余若能作詩少解前語者當奉餉乃作此詩

黄琮白琥天不惜顧恐貪夫死懷璧君看龍尾豈石

材玉德金聲寓於石與天作石來幾時與人作硯初不
辭詩成鮑謝石何與筆落鍾王硯不知錦茵玉匣俱塵垢
擣練支床亦何有況嗔蘇子鳳咮銘戲語相嘲作牛後碧
天照水風吹雲明窻大几清無塵我生天地一閑物蘇子
亦是支離人麤言細語都不擇春蚓秋蛇隨意畫願從
蘇子老東坡仁者不用生分別

張近幾仲有龍尾子石硯以銅劍易之

我家銅劍如赤蛇君家石硯蒼璧橢而窪君持我劍向
何許大明宮裏玉佩鳴衝牙我得君硯亦安用雪堂窻
下爾雅箋蟲鰕二物與人初不異飄落高下隨風花蒯

縧玉具皆外物視草草玄無等差君不見秦趙城易壁
指圖睨柱相矜誇又不見二生妾換馬驕鳴啜泣思其
家不如無情兩相與永以為好譬之桃李與瓊華

張作詩送硯反劔乃和其詩卒以劔歸之

贈君長鋏君當歌每食無魚歎委蛇一朝得見暴公子
櫑具欲與冠爭峩豈比杜陵貧病叟終日長鑱隨短蓑
斬蛟刺虎老無力帶牛佩犢吏所訶故將換硯豈無意
恐君琱琢傷天和作詩反劔亦何謂知君欲以詩相磨報
章若恨無好語試向君硯求餘波詩成劔往硯應笑那
将屋漏供懸河

去歲九月二十七日在黄州生子名遯小名幹兒頎然穎異至今年七月二十八日病亡於金陵作二詩哭之

吾年四十九羈旅失幼子幼子真吾兒眉角生已似未朞觀所好蹁躚逐書史摇頭却梨栗似識非分恥吾老常鮮歡賴此一笑喜忽然遭奪去惡業我累尔衣薪那免俗變滅須臾耳歸來懷抱空老淚如瀉水

我淚猶可拭日遠當日忘母哭不可聞欲與汝俱亡故衣尚懸架漲乳已流床感此欲忘生一卧終日僵中年忝聞道夢幻講已詳儲藥如丘山臨病更求方仍將

恩愛刃割此衰老腸知迷欲自反一慟送餘傷

葉濤致遠見和二詩復次其韻 濤顛倒元韻

平生無一女誰復歎爾耳滯留生此兒足慰周南史那知非真實造物聊戲尒煩惱初無根恩愛為種子煩公為假說反復相指似欲除苦海浪先乾愛河水弃置一寸鱗悠然笑侯喜為公寫餘習研罍一時耻聞公少已悟拄杖久倚牀笑我老而癡負鼓欲求亡庶幾東門子柱史安敢望嗜毒戲猛獸慮患先不詳囊破蛇已走尚未省蠲傷妙哉兩篇詩洗我千結腸顛蠶不作繭未老輒自僵永謝湯火厄泠然超無方

張危民挽詞

後捨宅作寺

甲第非真有閑花亦偶栽聊為清淨供却對道人開公病

從公已覺十年遲

騎驢渺渺入荒陂想見先生未病時勸我試求三畝宅

春到江南花自開

斫竹穿花破綠苔小詩端為覓榿栽細看造物初無物

雪白鵝黃也闘開

青李扶踈禽自來清真逸少手親栽深紅淺紫從爭發

次荊公韻四絶

東晉巾車令西京執戟郎甘心向山水結髮事文章故

自輕千戶何曾羨一囊天高鬼神惡骨朽姓名芳庾嶺

銘旌暗秦淮舊宅荒吾詩不用刻妙語有黃香黃魯直作

哀詞

次韻葉致遠見贈

欲求五畝寄樵蘇所至遲留似賈胡信命不湏歌去

汝逢人未免歎猶吾人皆勸我杯中物我獨憐君屋

上烏一技文章何足道要言磨却是文殊

次韻杭人裴維甫

餘杭門外葉飛秋尚記居人挽去舟一别臨平山上塔

五年雲夢澤南州淒涼楚些緣吾發邂逅秦淮為子留
寄謝西湖舊風月故應時許夢中游

次韻段縫見贈

季子東周負郭田須知力穡是家傳細思種薤五十本
大勝取禾三百廛若得與君連北巷故應終老忘西川
短衣疋馬非吾事只擬關門不問天

題孫思邈真

先生一去五百載猶在峨眉西崦中自為天仙足官府
不應尸解坐蟲蟲

戲作鮰魚一絕

粉紅石首仍無骨雪白河豚不藥人寄語天公與河伯何妨乞與水精鱗

同王勝之游蔣山

到郡席不暖居民空惘然好山無十里遺恨恐他年欲款南朝寺同登北郭舡朱門收畫戟紺宇出青蓮荆公宅記為寺夾路蒼髯古迎人翠麓偏龍腰蟠故國鳥爪寄曾巔竹杪飛華屋松根泣細泉峯多巧障日江遠欲浮天略彴橫秋水浮屠插暮煙歸來踏人影雲細月娟娟

至真州再和二首

老手王摩詰窮交孟浩然論詩曾伴直話舊已忘

年北上難陪驥東行且趁舡離亭花映肉醉眼鷺窺蓮
柂轉三山沒風回五兩偏荒祠過瓜步古甃墮松巔聞道
清香閣新篘白玉泉莫教門掩夜坐待月流天小院檀
槽鬧空庭樺燭煙公詩便堪唱為付小嬋娟
公顏如雪柏千載故依然笑我無根柳空中不待年肯
留歸闕旆坐待逆風舡特許門傳籥那知箭起蓮相逢
月上後小語坐西偏流落千帆側追思百尺巔躬耕懷
谷口水石羡平泉茅屋歸元亮霓裳醉樂天行聞宣室
召歸近御爐煙未用歌池上隨宜教李娟

次韻荅寶覺

芒鞵竹杖布行纏遮莫千山更萬山從來無脚不解滑

誰信石頭行路難

眉子石硯歌 與胡闇

君不見成都畫手開十眉橫雲却月争新奇游人指點

小顰處中有漁陽胡馬嘶又不見王孫青瑣橫雙碧腸

斷浮空遠山色書生性命何足論坐費千金買消渴爾

來喪亂愁天公謫向君家書硯中小窻虛幌相嫵媚令

君曉夢生春紅毗耶居士談空處結習已空花不住試教

天女爲磨鉛千偈瀾翻無一語

以玉帶施元長老元以納裙相報次韻

病骨難堪玉帶圍鈍根仍落箭鋒機欲教乞食歌姬院故與雲山舊納衣

此帶閲人如傳舍流傳到我亦悠哉錦袍錯落真相稱乞與佯狂老萬回

次韻滕元發許中途秦少遊

二公詩格老彌新醉後狂吟許野人坐看青丘吞澤芥自慚黄潦薦溪蘋兩邦旌纛光相照十畝鋤犂手自親何似秦郎妙天下明年獻頌請東巡

送金山鄉僧歸蜀開堂

撞鐘浮玉山迎我三千指衆中聞謦欬未語知鄉里我

非箇中人何以默識子振衣忽歸去隻影千山裏涪江
與中泠共此一味水氷盤薦琥珀何似糖霜美

送沈逵赴廣南

嗟我與君皆丙子四十九年窮不死君隨幕府戰西羌
夜渡氷河斫雲壘飛塵漲天箭洒甲歸對妻孥真夢
耳我謫黄岡四五年孤舟出沒煙波裏故人不復通問
訊疾病飢寒疑死矣相逢握手一大笑白髮蒼顔略相
似我方北渡脫重江君復南行輕萬里功名如幻何
足計學道有涯真可喜岣嶁丹砂已付君汝陽甕盎吾
何耻君歸赴我雞黍約買田築室從今始

豆粥

君不見呼沱流澌車折軸公孫倉皇奉豆粥濕薪破竈自燎衣飢寒頓解劉文𠡠又不見金谷敲冰草木春帳下烹煎皆美人萍虀豆粥不傳法咄嗟而辦石季倫干戈未解身如寄聲色相纒心已醉身心顛倒自不知更識人間有真味豈如江頭千頃雪色蘆茆簷出沒晨煙孤地碓舂秔光似玉沙餅煮豆軟如酥我老此身無着處賣書來問東家住卧聽鷄鳴粥熟時蓬頭曳屨君家去

秦少游夢發殯而挽之者云是劉發之柩是歲

發首薦秦以詩賀之劉涇亦作因次其韻

君看三代士執雉本以殺身為小補居官死職戰死綏夢尸得官真古語五行勝巳斯為官官如草木吾如土仕而未禄猶賔客待以純臣蓋非古餽焉曰獻稱寡君豈比公卿相爾汝世衰道微士失巳得喪悲懽友其故草袍蘆篚相嫵媚飲食嬉遊事群聚曲江舩舫月燈毬是謂舞殯而歌墓看花走馬到東野餘子紛紛何足數二生年少兩豪逸詩酒不知軒冕苦故令將仕夢發棺勸子勿為官所腐塗車芻靈皆假設著眼細看君勿誤時來聊復一飛鳴進隱不須煩伍舉

金山夢中作

江東賈客木緜裘會散金山月滿樓夜半潮來風又熟
卧吹簫管到揚州

次韻周穜惠石銚

銅腥鉄澁不宜泉愛此蒼然深且寛蟹眼翻波湯已作
龍頭拒火柄猶寒薑新鹽少茶初熟水漬雲烝蘚未
乾自古函牛多折足要知無脚是輕安

次韻蔣頴叔

月明驚鵲未安枝一棹飄然影自随江上秋風無限浪
枕中春夢不多時瓊林花草聞前語罨畫溪山指後

期豈敢便爲雞黍約玉堂金殿要論思蔣詩記及第時瓊林宴坐中所言且約同卜居陽羡

龜山辯才師

此生念念浮雲改寄語長淮今好在故人宴坐虹梁南
新河巧出龜山背木魚呼客振林莽鐵鳳橫空飛綵繪
忽驚堂宇變雄深坐覺風雷生謦欬羨師游戲浮漚閒
笑我榮枯彈指内嘗茶看畫亦不惡問法求詩了無礙
千里孤帆又獨來五年一夢誰相對何當來世結香火永
與名山躬井磑

贈潘谷

潘郎曉踏河陽春明珠白璧驚市人那知望拜馬蹄下
胸中一斛泥與塵何似墨潘穿破褐琅琅翠餅敲玄笏
布衫漆黑手如龜未害氷壺貯秋月世人重耳輕目前
區區張李爭媸妍一朝入海尋李白空看人間畫墨仙

徐大正閑軒

氷蠶不知寒火鼠不知暑知閑見閑地已覺非閑侶君
看東坡翁懶散誰比數形骸墮醉夢生事委塵土早
眠不見燈晚食或欺午卧看氈取盜坐視麥漂雨語希
舌頰強行少腰脚僂五年黃州城不踏黃州鼓人言我
閑客置此閑處所問閑作何味如眼不自覩頗訝徐孝

廳得閑能幾許介子願奉使翁歸備文武應緣不耐
閑名字挂庭宇我詩為閑作更得不閑語君如汗血駒
轉盻略燕楚莫嫌鑾輅重終勝鹽車苦

蒜山松林中可卜居余欲僦其地地屬金山故
作此詩與金山元長老

魏王大瓠無人識種成何翅實五石不詞破作兩大尊
只憂水淺江湖窄我材濩落本無用虛名驚世終何益
東方先生好自譽孟賁子路幷為一杜陵布衣老且愚
信口自比契與稷莫年欲學柳下惠嗜好酸鹹不相
入金山也是不羈人早歲聞名晚相得我醉而嬉欲仙

去旁人笑倒山謂實問我此生何所歸笑指浮休百年宅

蒜山幸有閑田地招此無家一房客

王中父哀詞 并叙

仁宗朝以制策登科者十五人軾忝冒時尚有富彥國張安道錢子飛吳長文夏公酉陳令舉錢醇老王中父并軾與家弟轍九人存焉其後十有五年哭中父於密州作詩吊之則子飛長文令舉沒矣又八年軾自黃州量移汝海與中父之子沇之相遇於京口相持而泣則十五人者獨三人存耳蓋安道及軾與家弟而已嗚呼悲夫乃復次前韻以遺沇之時沇之亦以罪謫家于錢塘

云
生努不獨比前人東蓑端能廢謝覲子達想無身後
念吾衰不復夢中論已知毅豹爲均死未識荆凡
定孰存堪笑東坡癡鈍老區區猶記刻舟痕

蔡景繁官舍小閣

使君不獨東南美典刑長記先君子戲嘲王叟短轅車
肯爲徐郎書紙尾三年彈節江湖上千首放懷風月裏
手開東閣坐虛明目淨東溪照清泚素琴濁酒容一榻
落霞孤鶩供千里大舫何時繫門柳小詩屢欲書牕
縱文昌新搆滿鸂鶒都邑已正喧收杞梓相逢一醉豈

有命南來寂寞君歸矣

高郵陳直躬處士畫雁二首

野雁見人時未起意先改君從何處看得此無人態無乃槁木形人禽兩自在北風振枯葦微雪落璀璀慘淡雲水昏晶熒沙礫碎弋人悵何慕一舉渺江海

衆禽事紛爭野雁獨閑潔徐行意自得俯仰老有節我衰寄江湖老伴雜鵝鴨作書問陳子曉景畫茗譬依依聚圓沙稍稍動斜月先鳴獨鼓翅吹亂蘆花雪

和王斿二首 斿平父子

異時長怪謫仙人舌有風雷筆有神聞道騎鯨遊汗漫

憶嘗捫蝨話悲辛氣吞餘子無全目詩到諸郎尚絶倫白髪故交空掩卷淚河東注問蒼旻

嫋嫋春風送渡闗娟娟霜月照生還遲留歲莫江淮上來往君家伯仲間未厭氷灘吼新洛且看松雪媚南山野梅官柳何時動飛蓋長橋待子閑

次韻張晥

新洛霜餘兩岸隆塵埃舉袂識西風臨淮自古多名士罇酒相從樂寓公半日偷閑歌嘯裏百年待盡往來中知君不向窮愁老尚有清詩氣吐虹

次韻王定國南遷回見寄

土暈銅花蝕秋水要須悍石相礱砥十年氷蘗戰膏粱萬里煙波濯紈綺歸來詩思轉清激百丈空潭數魴鯉逝將桂浦擷蘭蓀不記槐堂收劔履卻思庾嶺今何在更說彭城真夢耳（來詩述彭城舊游）君知先竭是甘井我願得全如苦李妄心不復九回腸至道終當三洗髓廣陵陽羨何足較只有無何真我里（余買田陽羨來詩以為不如廣陵）樂全老子今禪伯（張安道也定國其壻）掣電機鋒不容擬心通豈復問云何印可聊須荅如是相逢為我話留滯桃花春漲孤舟起

贈梁道人

採藥壺公處處過笑看金狄手摩挲老人大父識君久

造物小兒如子何寒盡山中無曆日雨斜江上一漁簑神仙護短多官府未厭人間醉踏歌

題雍秀才畫草蟲八物

促織

月叢號耿耿露葉泣溥溥夜長不自暖那憂公子寒

蟬

蜕形濁汙中羽翼便翾好秋來間何闊已抱寒莖槁

蝦蟇

悍目知誰瞋皤腹空自脹慎勿困蜈蚣飢虵不汝放

蟯蜋

洪鍾起暗室飄瓦落空庭誰言轉丸手能作殷牀聲

天水牛

兩角徒自長空飛不服箱爲牛竟何事利吻穴枯桑

蝎虎

跂跂有足蛇脉脉無角龍爲虎君勿笑食盡蠆尾蟲

蝸牛

腥涎不滿殼聊足以自濡升高不知回竟作黏壁枯

鬼蝶

雙眉卷鐵絲兩翅暈金碧初來花爭妍忽去鬼無迹

泗州南山監倉蕭淵東軒二首

偶隨樵父採都梁（南山名都梁山，山出都梁香故也） 竹屋松扉試乞漿但見東軒堪隱几不知公子是監倉溪中亂石墻垣古山下寒蔬匕箸香我是江南舊游客挂冠知有老蕭郎

北望飛塵苦晝霾洗心聊復寄東齋珍禽聲好猶思越野橘香清未過淮有信徵泉來遠嶺無心明月轉空堦一官倉庾真堪老坐看松根絡斷崖

泗州除夜雪中黄師是送酥酒二首

莫雪紛紛投碎米春流咽咽走黄沙舊游似夢徒能説逐客如僧豈有家冷硯欲書先自凍孤燈何事獨成

花使君半夜分酥酒驚起妻孥一笑譁

關右土酥黃似酒揚州雲液却如酥欲從元放覓拄杖

忽有麪生來座隅對雪不堪令飽煖隔舡應已厭歌呼

明朝積玉深三尺高枕床頭尚一壺

章錢二君見和復次韻荅之

黃昏已作風翻絮半夜猶驚月在沙照沐玉峯明佛刹

隔淮雲海暗人家來麰有信迎三白詹匐無香散六花詹匐梔子花也與雪花皆六出欲喚阿咸來守歲林烏櫪馬鬭喧譁

分無纖手裁春勝況有新詩點蜀酥醉裏冰髭失纓絡

夢回布被起廡隅君應旅睫寒生暈我亦飢腸夜自呼

明日南山春色動不知誰佩紫微壺

正月一日雪中過淮謁客回作二首

十里清淮上長堤轉雪龍氷崖落屐齒風葉亂裘茸

萬頃穿銀海千尋渡玉峯從來修月手合在廣寒宮

攢眉有底恨得句不妨清霽霧開寒谷飢鴉舞雪

城橋聲春市散塔影莫淮平不用殘燈火船窓夜自

明

劉乙新作射亭乙新嘗知眉州

蘭玉當年刺史家雙韃馳射笑穿花而今白首閑驄

馬只有清樽照畫蛇窮窮小軒蛛網遍陰陰垂柳鴈

行斜手柔弓燥春風後置酒看君中戟牙

孫莘老寄墨四首

徂徠無老松易水無良工珍材取樂浪妙手惟潘翁潘谷作墨雜用高麗煤魚胞熟萬杵犀角盤雙龍墨成不敢用進入蓬萊宮蓬萊春晝永三殿明房櫳金箋灑飛白瑞霧縈長虹遥憐醉常侍一笑開天容

谿石琢馬肝剡藤開玉版嘘嘘雲霧出奕奕龍蛇綰此中有何好秀色紛滿眼故人歸天祿古漆窺蠹簡隃麋給尚方老手擅編剗分餘幸見及流落一歎赧我貧如飢鼠長夜空齾齾瓦池研竈煤葦管書柹葉

三大五

近者唐夫子遠致烏玉玦唐林夫寄張遇墨半丸先生又繼之圭璧爛箱篋清窓洗硯坐蚰蜒稍稍蟠結便有好事人敲門求

醉帖

吾窮本坐詩久服朋友戒五年江湖上閉口洗殘債今來復稍稍快癢如爬疥先生不譏訶又復寄詩械幽光發奇思黝黝出荒怪詩成一自笑故疾逢蝦蟹

留題蘭皐亭

雪後東風未肯和扣門還客夜經過不知舊竹生新筍但見清伊換濁河無復往來乘下澤聊同笑語說東坡明年我亦開三徑寂寂兼無雀可羅

和人見贈

只寫東坡不著名此身已是一長亭壯心無復春流起衰鬢從教病葉零知有雪兒供筆硯應嗤竈婦洗盆缾回來索酒公應厭京口新傳作客經

和田仲宣見贈

頭白江南醉司馬寬心時復喚殷兄寒潮不應淮無信客路相隨月有情未許低頭拜東野徒言共飲勝公榮好詩惡韻那容和刻燭應須便置觥

和王勝之三首

城上湖光暖欲波美人唱我踏春歌魯公賓客皆詩酒

二九八

誰是神仙張志和
齋釀如澠漲緑波公詩句句可弦歌流觴曲水無多日
更作新詩繼永和
要知太守憐孤客不惜陽春和俚歌坐睡樽前呼不應
為公雕琢損天和

記夢 并序

樂全先生夢人以詩三篇示之字皆旁行而不可識旁有人道衣古貌為讀其中一篇云人事且常在留質悟圓閒凡四句覺而忘其二以告其客蘇軾軾以私意廣之云

圓間有物物間空豈有圓空入井中不信天形真箇樣
故應眼力自先窮連環已解如神手萬竅猶號未濟風
稽首問公公大笑本來誰礙更求通

東坡集卷第十四

重刊明成化本東坡七集

東坡集卷第十五

詩七十二首

寄蘄簟與蒲傳正

蘭溪美箭不成笛離離玉筋排霜脊千溝萬縷自生風入手未開先慘慄公家列屋閑蛾眉珠簾不動花陰移霧帳銀牀初破睡牙籤玉局坐彈棊東坡病叟長羇旅凍卧飢吟似飢鼠倚賴春風洗破衾一夜雪寒披故絮火冷燈青誰復知孤舟兒女自憂咿皇天何時反炎燠愧此八尺黃琉璃願公淨掃清香閣卧聽風漪聲滿榻習習還從兩腋生請公乘此朝閶闔

寄恠石石斛與魯元翰

山骨裁方斛江珍拾淺灘清池上几案碎月落杯盤老去懷三友平生困一簞堅姿聊自儆秀色亦堪飡好去髯卿舍憑將道眼看東坡最後供霜雪照人寒

漁父四首

漁父飲誰家去魚蟹一時分付酒無多少醉爲期彼此不論錢數

漁父醉簑衣舞醉裏却尋歸路輕舟短棹任斜橫醒後不知何處

漁父醒春江午夢斷落花飛絮酒醒還醉醉還醒一笑

人間今古
漁父笑輕鷗舉漠漠一江風雨江邊騎馬是官人借我
孤舟南渡

李憲仲哀詞 并敘

同年友李君諱惇字憲仲賢而有文不幸早世軾不及
與之游也而識其子廌有年矣廌自陽翟見余於南京
泣曰吾祖母邊母馬前母張與君之喪皆未葬貧不敢
以飢寒為戚顧四喪未舉死不瞑目矣適會故人梁先
吉老聞余當歸耕陽羨以絹十匹絲百兩為賻詞之不
可乃以遺廌曰此亦仁人之餽也既又作詩以告知君

與鷹者庶幾皆有以助之鷹年二十五其文熚然氣節不凡此豈終窮者哉

大夢行當覺百年特未滿遑哀已逝人長眠寄孤館念我同年生意長日月短監車因騏驥烈火廢圭瓚後生有奇骨出語已精悍蕭然野鶴姿誰復識中散有生寓大塊死者誰不竅嗟君獨久客不識黃土暖推衣助孝子一溉滋湯旱誰能脫左驂大事不可緩

贈眼醫王生彦若

鍼頭如麥芒氣出如車軸間關絡脉中性命寄毛粟而況清淨眼内景含天燭琉璃貯沆瀣輕脆不任觸而子

於其間來往施鋒鏃笑談紛自若觀者頸爲縮運鍼如運斤去翳如拆屋常疑子善幻他技雜符祝子言吾有道此理君未矚形骸一塵垢貴賤兩草木世人方重外妄見瓦與玉而我初不知刺眼如刺肉君看目與翳是翳要非目目翳苟二物易分如麥莠甯闚老農夫去草更傷穀鼻端有餘地肝膽分楚蜀吾於五輪間蕩蕩見空曲如行九軌道並驅無擊轂空花誰開落明月自朒朒請問樂全堂忘年老尊宿彥若樂全先生門下醫也

與歐育等六人飲酒

忽驚春色二分空且看樽前半丈紅苦戰知君便白

羽倦遊憐我憶黃封年來齒髮老未老此去江淮東復東記取六人相會處引杯看劍坐生風

觀杭州鈐轄歐育刀劍戰袍

青綾納衫暖襯甲紅線勒巾光遶脅禿襟小袖鵰鶻盤大刀長劍龍蛇插兩軍鼓噪屋瓦墜紅塵白羽紛相戛將軍恩重此身輕笑履鋒鋩如一掐書生只肯坐帷幄談笑毫端弄生殺叫呼擊鼓催上竿猛士應憐小兒黠試問黃河夜偷渡掠面驚沙寒霎霎何如大艦日高眠一枕清風過苕霅

王伯敭所藏趙昌畫四首

梅花

南行渡關山沙水清練練行人巳愁絶日暮集徵霞殷勤小梅花髣髴吴姬面暗香随我去回首驚千片至今開畫圖老眼淒欲泫幽懷不可寫歸夢君家倩

黃葵

弱質困夏永奇姿蘇曉凉低昂黃金杯照耀初日光檀心自成暈翠葉森有芒古來寫生人妙絶誰似昌晨粧與午醉真態含陰陽君看此花枝中有風露香

芙蓉

清飈巳拂林積水漸收潦谿邊野芙蓉花水相媚好坐

看池蓮盡獨伴霜菊槁幽姿强一笑莫景迫摧倒淒涼
似貧女嫁晚驚衰早誰寫少年容樵人劔南老

山茶

蕭蕭南山松黄葉隕勁風誰隣兒女花散火氷雪中
能傳歳寒姿古來惟丘翁趙叟得其妙一洗膠粉空
掌中調丹砂染此鶴頂紅何須誇落墨獨賞江南
工

寄吴德仁兼簡陳季常

東坡先生無一錢十年家火燒凡鉛黄金可成河可塞
只有霜鬢無由玄龍丘居士亦可憐談空説有夜不

眠忽聞河東獅子吼拄杖落手心茫然誰似濮陽公子賢

飲酒食肉自得仙平生寓物不留物在家學得忘家禪

門前罷亞十頃田清溪遶屋花連天溪堂醉卧呼不醒

落花如雪春風顛我遊蘭溪訪清泉已辦布襪青行纏

稽山不是無賀老我自興盡回酒船恨君不識顔平原

恨我不識元魯山銅駞陌上會相見握手一笑三千年

題王逸少帖

顛張醉素兩秃翁追逐世好稱書工何曾夢見王與鍾

妄自粉飾欺盲聾有如市倡抹青紅妖歌嫚舞眩兒童

謝家夫人談手容蕭然自有林下風天門蕩蕩驚跳

龍出林飛鳥一掃空為君草書續其終待我他日不忽忽

書林逋詩後

吴儂生長湖山曲呼吸湖光飲山渌不論世外隱君子傭兒販婦皆氷玉先生可事絶俗人神清骨冷無由俗我不識君曾夢見瞳子瞭然光可燭遺篇妙字處處有步繞西湖看不足詩如東野不言寒書似西臺差少肉平生高節已難繼將死微言猶可録自言不作封禪書更看悲吟白頭曲（逋臨終詩云茂陵異日求遺草猶喜初無封禪書）我笑吴人不好事好作祠堂傍脩竹不然配食水仙王一盞寒泉薦秋

菊

和仲伯達

歸山歲月苦無多尚有丹砂奈老何繡谷只應花自染鏡潭長與月相磨君方傍海看初日我已横江擊素波人不我知斯我貴不須雷雨起龍梭

春日

鳴鳩乳燕寂無聲日射西窓潑眼明午醉醒來無一事只將春睡賞春晴

贈表陟

是身如虛空萬物皆我儲胡為強分別百金買田廬不

見袁夫子神馬載尻輿游於無何有一飯不願餘官湖
為我池學舍為我居何以遺子孫此身自蘧蒢薰風暗
楊柳秋水浄芙蕖應觀我知子不怪子知魚

蘇子容母陳夫人挽詞

蘇陳甥舅真氷玉正始風流起頹俗夫人髙節稱其家
凛凛寒松映脩竹雞鳴為善日日新八十三年如一晨
豈惟家室宜壽母實與朝廷生異人忘軀徇國乃吾子
三仕何曾知愠喜不煩擁笏強垂魚我視去來皆夢耳
誦詩相挽真區區墓碑千字多遺餘他年太史取家傳
知有班昭續漢書

归宜興留題竹西寺

十年歸夢寄西風此去真為田舍翁剩覓蜀岡新井水
要携鄉味過江東
道人勸飲雞蘇水童子能煎鶯粟湯暫借藤床與瓦枕
莫教孤負竹風涼
此生已覺都無事今歲仍逢大有年山寺歸來聞好語
野花啼鳥亦欣然

與孟震同遊常州僧舍

年來轉覺此生浮又作三吴浪漫遊忽見東平孟君子
夢中相對說黄州

湛湛清池五月寒小山無數碧巑岏稱杉戢戢三千本
且作淩雲合抱看
知君此去便歸耕笑指孤舟一葉輕待向三茆乞靈雨
半篙流水贈君行

贈常州報恩長老

碧玉碗盛紅碼瑙井花水養石菖蒲也知法供無窮盡
試問禪師得飽無
薦福老懷真巧便淨慈兩本更尖新憑師為作鐵門限
準備人間請話人

次韻荅賈耘老

五年一夢南司州飢寒疾病為子憂東來六月井無水
仰看古堰横奔牛平生管鮑我知子今日陳蔡誰從丘
夜航爭路泥水澁牽挽直欲來瓜洲自言嗜酒得風痺
故鄉不敢居温柔空將沨愛救溝壑衰病不復從前樂
今年太守真卧龍笑語炎天出氷雹時低九尺蒼須髯
過我三間小池閣故人改觀爭來賀小兒不信猶疑錯
為君置酒飲且哦草間秋蟲亦能歌可憐老驥真老矣
無心更秣天山禾

墨花 并敘

世多以墨畫山水竹石人物者未有以畫花者也汴人

尹白能之為賦一首

造物本無物忽然非所難花心趂墨暈春色散毫端縹眇形纔具扶踈態自完蓮風盡傾倒杏雨半披殘獨有狂居士求為黒牡丹兼書平子賦歸向雪堂看

送竹几與謝秀才

平生長物擾天真老去歸田只此身留我同行木上坐贈君無語竹夫人但隨秋扇年年在莫鬭瓊枝夜夜新堪笑荒唐玉川子莫年家口若為親

溪陰堂

白水滿時雙鷺下緑槐高處一蟬吟酒醒門外三竿日

卧看谿南十畝陰

次韻許遵

蒜山渡口挽歸艎朱雀橋邊看道裝供帳已應煩百兩

擊鮮無久溷諸郎問禪時到長干寺載酒閑過綠野堂

此味只憂兒輩覺逢人休道北窗涼

贈章默并敘

章默居士字志明生公侯家才性高爽弃家求道不蓄

妻子與世無累而父母與兄之喪貧不能舉以是眷眷

世間不能無求於人余深哀其志既有以少助之又取

其言為詩以贈其行庶幾有哀之者

章子親未塟餘生抱羸疾朝吟噎隣里夜淚腐茵席前
年黒花生今歳白髮出身隨日月逝恨與天地畢願求
不毛田親築長夜室難從王孫裸未忍夏后聖五陵多
豪士百萬付一擲心知義財難甘就貧友乞不詞毛粟施
行自丘山積此志茍朝遂夕死真不戚誓求無生理不
踐有為迹弃身屍陁林烏鳥任狼籍

送穆越州

江海相忘十五年羨君松柏蔚蒼顔四朝耆舊氷霜
後兩郡風流水石間舊政猶傳蜀父老先聲已振越溪山
樽前俱是蓬萊守莫放高樓雪月閑

贈葛葦

竹椽茆屋半摧傾肯向蜂窠寄此生長恐波頭卷室去
欲將舡尾載君行小詩試擬孟東野大草閑臨張伯英
消遣百年須底物故應憐我不歸耕

贈王簈

與君蹔別不須嗟俯仰歸來鬢未華記取江南煙雨裏
青山斷處是君家

南都妙峯亭

千尋挂雲闕十頃含風灣開門弄清泚照見雙銅鐶池
臺半禾黍桃李餘榛菅無人肯回首日暮車班班史君

非世人心與古佛閑時邀聲利客來洗塵埃頹新亭在
東皐飛宇凌通闤古甃磨翠壁霜林散煙鬟孤雲抱
商丘芳草連杳山俯仰盡法界逍遥寄人寰亭亭妙高
峰了了蓬艾間五老壓彭蠡三峰照潼關均為拳石小
配此一掬慳煩公為標指免使勞躋攀

神宗皇帝挽詞三首

文武固天縱欽明又日新化民何止聖妙物獨稱神政
已三王上言皆六籍醇巍巍本無象刻畫愧孤臣
未易名堯德何須數舜功小心仍致孝餘事及平戎典
禮從周舊官儀與漢隆誰知本無作千古自承風

元豐八年七月二十五日杜綅先自浙東還與余相遇於

贈杜介 并叙

要即此此是長生未暇學請學長不死

爲骨凛霜入圖纖錚不可觸于偈如翻水何須尋德

初無路誰信平如砥臺中老此丘碧眼照窓凡巉王

如金山去清風半帆耳中有妙高臺雲峰自孤起仰觀

我欲乘飛車東訪赤松子蓬萊不可到弱水三萬里不

金山妙高臺

馬空嘶櫪枯荄已泣霜餘生卧江海歸夢遶嵩邙

接統真千歲膺期止一章周南稍留滯宣室漫淒涼病

金山話天台之異以詩贈之

我夢遊天台橫空石橋小松風吹茵露翠濕香嫋嫋應真飛錫過絶澗度雲鳥舉意欲從之翛然已松杪微言粲珠玉未說意先了覺來如墮空耿耿窓戶曉羣生陷迷網獨達從古少杜叟子何人長歡萬物表妻孥空四壁振策念輕矯遂為赤城遊飛步凌縹眇悶禪不歸舍屢為瓠壺繞何人識此志佛眼自照燎我夢君見之卓爾非魔嬈仙葩發茗碗翦翦刻分葵蓼從今更不出閉戶閑騕褭時從佛頂巖馳下雙蓮沼

次韻孫莘老斗野亭寄子由在邵伯堰

落帆謝公渚日脚東西平孤亭得小憩莫景含餘清坐待斗與牛錯落挂南甍老僧如夙昔一笑意已傾新詩出故人舊事疑前生吾生七往來送老海上城逢人輙自哂得魚不忍烹似聞績溪老復作東都行小詩如秋菊艷艷霜中明過此感我言長篇發春榮

送楊傑并叙

無爲子嘗奉使登泰山絶頂鷄一鳴見日出又嘗以事過華山重九日飲酒蓮花峯上今乃奉　詔與高麗僧統遊錢塘皆以王事而從方外之樂善哉未曾有也作是詩以送之

天門夜上賓出日萬里紅波半天赤歸來平地看跳丸
一點黄金鑄秋橘太華峯頭作重九天風吹灧黄花酒
浩然馳下腰帶鞓醉舞崩崖一揮手神遊八極萬緣虚
下視蚊雷隱汙渠大千一息八十返笑厲東海騎鯨魚三
韓王子西求法鑿齒彌天兩勍敵過江風急浪如山寄
語舟人好看客

次韻送徐大正

别時酒盞照燈花知我歸期漸有涯去歲渡江萍似斗
今年並海棗如瓜多情明月邀君共無價青山為我賒
千首新詩一竿竹不應空釣漢江槎

楊康功有石狀如醉道士為賦此詩

楚山固多猿青者黠如壽化為狂道士山谷恣騰蹂誤入華陽洞竊飲茅君酒君命囚巖間巖石為械杻松根絡其足藤蔓縛其肘蒼苔眯其目叢棘哽其口三年化為石堅瘦敵瓊玖無復號雲聲空餘舞杯手樵夫見之笑抱賣易升斗楊公海中仙世俗那得友海邊逢姑射一笑微俛首胡不載之歸用此頑且醜求詩紀其異本末得細剖吾言豈妄云得之亡是叟

追作淮口遇風詩戲用其韻

我詩如病驥悲鳴向衰草有兒真驥子一噴羣馬倒養

氣勿吟哦聲名已太早風濤借筆力勢逐孤雲掃何如

陶家兒遶舍覔梨棗君看押強韻已勝郊與島

次韻徐積

殺鷄未肯邀季路果飯先須問子來但見中年隱槐市

豈知平日賦蘭臺海山入夢方東去風雨留人得夔陪

若說蛾眉眼前是故鄉何處不堪回

元豐七年有　詔京東淮南築高麗亭館密海

二州騷然有逃亡者明年軾過之歎其壯麗留一

絕云

簷楹飛舞垣墻外桑柘蕭條斤斧餘盡賜昆耶作奴

婢不知償得此人無

過密州次韻趙明叔喬禹功

先生依舊廣文貧老守時遭醉尉嗔汝輩何曾堪一笑吾儕相對復三人黄雞催曉淒涼曲白髮驚秋見在身一別膠西舊朋友扁舟歸釣五湖春

再過常山和昔年留別詩

傴僂山前叟迎我如迎新那知夢幻軀念念非昔人江湖久放浪朝市誰相親却尋泉源去桃花逢避秦

再過超然臺贈太守霍翔

昔飲雩泉別常山天寒歲在龍蛇間山中兒童拍手笑

問我西去何當還十年不赴竹馬約扁舟獨與漁蓑閑
重來父老喜我在扶挈老幼相遮攀當時襁褓皆七尺
而我安得留朱顏問今太守為誰歟護羌充國鬢未
斑（王翔自言在燕河作屯田有功）躬持牛酒勞行役無使杞菊嘲寒慳超
然置酒尋舊迹尚有詩賦鑱堅頑孤雲落日在馬耳
照耀金碧開煙鬟却淇自古北流水跳波下瀨鳴玦環
願公談笑作石埭坐使城郭生溪灣

海市 并叙

予聞登州海市舊矣父老云常出於春夏今歲晚不復
見矣予到官五日而去以不見為恨禱於海神廣德王之

廟明日見焉乃作此詩

東方雲海空復空羣仙出沒空明中蕩摇浮世生萬象
豈有貝闕藏珠宮心知所見皆幻影敢以耳目煩神工
歲寒水冷天地閉為我起蟄鞭魚龍重樓翠阜出霜曉
異事驚倒百歲翁人間所得容力取世外無物誰為雄
率然有請不我拒信我人厄非天窮潮陽太守南遷歸
喜見石廩堆祝融自言正直動山鬼豈知造物哀龍鍾
信眉一笑豈易得神之報汝亦已豐斜陽萬里孤鳥沒
但見碧海磨青銅新詩綺語亦安用相與變滅隨東風

登州孫氏松堂

萬松誰種已摐摐半嶺蒼雲映此邦露重珠纓蒙翠蓋風來石齒碎寒江浮空兩竹橫南閣倒景扶桑射北窗坐待夕烽傳海嶠重城歸去踏逢逢

過萊州雪後望三山

東海如碧環西北卷登萊雲光與天色直到三山回我行適冬仲薄雪收浮埃黃昏風絮定半夜扶桑開參差太華頂出没雲濤堆安期與羨門乘龍安在哉茂陵秋風客勸爾麾一杯帝鄉不可期楚些招歸來

遺直坊并敘

富鄭公之客李君諱常登人也故太守李公諱師中榜

其閭曰遺直而其子大方求詩於軾為賦一首

使君不浪出羔鴈親扣門先生但清坐薤水已多言當

時邦人化市無晨飲豚歲月曾幾何客主皆九原魯經

有餘歎楚些無歸魂我作遺直詩過者式其藩

次韻趙令鑠

東坡已報六年穰惆悵紅塵白首郎枕上溪山猶可見

門前冠蓋已相望故人年少真瓊樹落筆風生戰堵墻

端向甕間尋吏部老來專以醉為鄉

次韻王定國得潁倅二首

仙風入骨已凌雲秋水為文不受塵一噫固應號地籟

餘波猶足掛天紳買牛但自捐三尺射鼠何勞挽六鈞
莫向百花潭上去醉翁不見與誰春
滔滔四海我知津每愧先生植杖芸自少多言晚聞道
從今閉口不論文灩翻白獸樽中酒歸煑青泥坊底芹
要識老僧無盡處床前牛蟻不曾聞

次韻趙令鑠惠酒

神山無石髓生世悲蹔寓坐待玉膏流千載真旦暮青
州老從事萬上非所部惠然肯見從知我憎市酤閑缾
自洗盞肴核誰與具門前聽剥啄烹魚得尺素

送范純粹守慶州

才大古難用論高常近迂君看趙魏老乃爲滕大夫浮雲無根蔕黄潦能須臾知經幾成敗得見真賢愚羽旄照城闕談笑安邊隅當年老使君赤手降於菟諸郎更何事折箠鞭其雛吾知鄧平对不鬬月支胡

次韻王震

携文過我治平間霧豹當時始一班聞道吹嘘借餘論故教流落得生還清篇帶月來霜夜妙語先春發病顔詩酒暮年猶足用竹林高會許時攀

次韻王定國謝韓子華過飲

楚有孫叔敖長城隱千里哀哉練裙子負薪躡破履

豈無故交親逝去如覆水不如老優孟談笑託諧美世
家不可恃如倚折足几祥符有賢相手握天下砥懿敏
亦名公三貴德爵齒蓋棺今幾日公子誰料理誰要卿
料理欲說且止止宅相開府公久為蒼生起如何垂老
別氷盤餽蒼耳親嫵妨鶡鷹相對發微泚新詩如彈丸
脫手不移晷我亦老賓客苦語落紈綺莫詞三上章有
道貧賤耻

惠崇春江曉景二首

竹外桃花三兩枝春江水暖鴨先知蔞蒿滿地蘆芽短
正是河豚欲上時

兩兩歸鴻欲破羣依依還似北歸人遥知朔漠多風雪更待江南半月春

次韻周邠

南遷欲舉力田科三徑初成樂事多豈意殘年踏朝市有如疲馬畏陵坡羨君同甲心方壯笑我無聊鬢已皤何日西湖尋舊賞淡煙踈雨暗漁蓑

次韻胡完夫

青山别淚尚斕斑十載江湖困抱關老去上書還北闕朝來拄笏望西山相從盃酒形骸外笑説平生醉夢間萬事會須咨伯始白頭容我占清閑

次韻錢穆父

老入明光踏舊班，染須那復唱陽關。故人飛上金鑾殿，遷客來從飯顆山。大筆推君西漢手，一言置我二劉間。便須置酒呼同舍，看賜飛龍出帝閑。

再次韻答完夫穆父二公自言先世同在西掖

掖垣老吏識郎君，並轡天街兩絕塵。汗血固應生有種，夜光那復困無因。豈知西省深嚴地，也著東坡病瘦身。免使謫仙明月下，狂歌對影只三人。

次韻答滿思復

自甘茅屋老三間，豈意彤廷綴兩班。紙落雲煙供醉後

詩成珠玉看朝還誰言載酒山無賀記取啼烏巷有顔
但恐跛牂隨赤驥青雲飛步不容攀

東坡集卷第十五

東坡集卷第十六

詩八十八首

送戴蒙赴成都玉局觀將老焉

拾遺被酒行歌處野梅官柳西郊路聞道華陽版籍中至今尚有城南杜我欲歸尋萬里橋水花風葉暮蕭蕭芋魁徑尺誰能盡榿木三年已足燒百歲風狂定何有羡君今作峩眉叟縱未家生執戟郎也應世出埋輪守莫歎老病未歸身玉局他年第幾人會待子猷清興發還須雪夜去尋君

送陳睦知潭州

華清縹渺浮高棟上有繽林藏石甕一杯此地初識君千巖夜上同飛鞚君時年少面如玉一飲百觚嫌未痛白鹿泉頭山月出寒光潑眼如流汞朝元閣上酒醒時卧聽風鑾鳴鐵鳳舊遊空在人何處二十三年真一夢我得生還雪髯滿君亦老嫌金帶重有如社燕與秋鴻相逢未穩還相送洞庭青草渺無際天柱紫蓋森欲動湖南萬古一長嗟付與騷人發嘲弄

用前韻荅西掖諸公見和

雙猊蟠礎龍纏棟金井轆轤鳴曉甕小殿垂簾白玉鈎大宛立仗朱絲鞚風馭賓天雲雨隔孤臣忍淚肝腸

痛羨君意氣風生坐落筆縱橫盤走汞上樽日日寫黄

封賜茗時時開小鳳閉門憐我老太玄給札看君賦雲

夢金奏不知江海眩木瓜屢費瑶瓊重豈惟蹇步困追

攀已覺侍史疲犇送春還宫柳腰支活雨入御溝鱗甲

動借君妙語發春容顧我風琴不成弄

次韻王覿正言喜雪

聖人與天通有詔寬獄市好語夜喧街濕雲朝覆砌紛

然退朝後色映宫槐媚欲夸翦刻工故上朱藍袂我方

執筆待未敢書上瑞君猶伏閤爭高論亦少慰霏霏止

還作盎盎風與氣神龍久潛伏一怒勢必倍行當見三白

拜舞讙萬歲歸來飲君家酣詠追既醉

和蔣發運

夜雨鼯千偈書來又一言此身真佛祖何處不義軒舩穩江吹坐樓空月入樽遥知思我處醉墨在頹垣

送表弟程六知楚州

烱烱明珠照雙璧當年三老蘇程石里人下道避鳩杖刺史迎門倒凫舃我時與子皆兒童狂走從人覓梨栗健如黃犢不可恃隙過白駒那暇惜醴泉寺古垂橘柚石頭山髙闇松櫟諸孫相逢萬里外一笑未解千憂積子方得郡古山陽老手風生謝刀筆我正含毫

紫微閣病眼昏花困書檄莫教印綬繫餘年去掃墳墓
當有日功成頭白早歸來共藉梨花作寒食

和人假山

上黨攙天碧玉環絕河千里抱商顏試觀煙雨三峯外
都在靈仙一掌間造物何如童子戲寫真聊發使君閑
何當挈取西征去畫作圍床六曲山

送王伯敭守虢

華山東麓秦遺民當時依山來避秦至今風俗含古意
柔桑渌水招行人行人掉臂不回首爭入崤函土囊口
惟有使君千里來欲飲三堂無事酒三堂本來一事無

日長睡起聞投壺牀頭硯石開雲月澗底松根斸雪腴

山棚盜散人安寢勸買耕牛發陳廩歸來只作水衡卿

我欲携壺就君飲

道者院池上作

下馬逢佳客携壺傍小池清風亂荷葉細雨出魚兒井

好能冰齒茶甘不上眉歸塗更蕭瑟真箇解催詩

次韻子由送千之姪

江上松楠深復深滿山風雨作龍吟年來老榦都生菌

下有孫枝欲出林白髮未成歸隱計青衫儻有濟時心

閉門試草三千牘仄席求人少似今

書文與可墨竹 并敘

亡友文與可有四絶詩一楚詞二草書三畫四與可嘗云世無知我者惟子瞻一見識吾妙處既沒七年覩其遺迹而作是詩

筆與子皆逝詩今誰為新空遺運斤質却吊斷絃人

次韻錢舍人病起

牀下龜寒且耐支杯中虵去未應衰殿門明日逢王傅欘具爭先看不疑坐覺香煙携袖少獨愁花影上廊遲何妨一笑千痾散絶勝倉公飲上池

次韻和王鞏

謫仙竄夜郎子美耕東屯造物豈不惜要令工語言王郎年少日文如餅水翻爭鋒雖剽甚聞鼓或驚犇天欲成就之使觸羝羊藩孤光照微陋耿如月在盆歸來千首詩傾寫五石樽却疑彭澤在頗覺蘇州煩君看鄒忌子㢘折配春温知音必無人壞壁掛桐孫

用王鞏韻送其姪震知蔡州

九門插天開萬馬先朝屯舉鞭紅塵中相見不得言夜走清虛宿扣門驚鵲翻君家汾陽家永巷車雷犇夕郎方不夕列戟以自藩相逢開月閣畫簷低金盆至今夢中語猶舉燈前樽阿戎脩玉牒未憚筆削煩

君歸助獻納坐繼岑與溫我客二子間不復尋諸孫子美詩云權門多噂𠴲且復尋諸孫

虢國夫人夜遊圖

佳人自鞚玉花驄翩如驚燕踏飛龍金鞭淨道寶釵落何人先入明光宮宮中羯鼓催花柳玉奴絃索花奴手坐中八姨真貴人走馬來看不動塵明眸皓齒誰復見只有丹青餘淚痕人間俯仰成今古吳公臺下雷塘路當時一笑潘麗華不知門外韓擒虎

用舊韻送魯元翰知洺州

我在東坡下躬耕三畝園君為尚書郎坐擁百吏繁鳴

蛙與鼓吹等是俗物喧豗謝十年舊老死三家村惟君
綈袍信到我雀羅門緬懷故人意欲使薄夫敦新年對
宣室白首代堯言相逢問前輩所見多後昆道館雖云
樂泠卿當復温還持刺史節却駕朱輪軒黄髮方用事
白須宜少存嗣聖真生知拯民如救燔初因羽淵魄盡返
湘江魂坐憂東郡決老守思王尊北流桑柘没故道塵
埃翻知君一寸心可敵千步垣流云自栖止老幼忘崩犇
得閑閉閣坐勿使道眼渾聊乘應捨棧直泝無生源歸
來成二老夜榻當重論

次韻朱光庭初夏

朝罷人人識鄭崇直聲如在履聲中卧聞踈響梧桐雨

獨詠微涼殿閣風諌苑君方續承業醉鄉我欲訪無功

陶然一枕誰呼覺牛蟻新除病後聰

次韻朱光庭喜雨

久苦趙盾日欣逢傅說霖坐知千里足初覺兩河深破

屋常持傘無薪欲爨琴清詩似庭燎雖美未忘箴

奉敕祭西太一和韓川韻四首

聖主新除祕祝侍臣來乞豐年壽宮神君欲至半夜靈

風肅然

玉璽親題御筆金童來侍天香禮罷祝融參乘前驅已

二〃八七

過衡湘

解劍獨行殘月披衣困卧清風夢蝶猶飛旅枕粥魚已

響枯桐

陂水初含曉淥稻花半作秋香皁蓋却迎朝日紅雲正

遶宫墻

西太一見王荆公舊詩偶次其韻二首

秋早川原淨麗雨餘風日清酣從此歸耕劍外何人送

我池南

但有樽中若下何須墓上征西闌道烏衣巷口而今煙

草萋迷

次韻子由送陳侗知陜州

誰能如鐵牛，橫身負黄河。滔天不能沒，尺箠未易訶。世俗自無常，徐公故逶迤。別來不可説，事與浮雲多。當時無限人，毀譽即墨阿。虚聲了無實，夜蟲鳴機梭。相逢一笑外，奈此白髮何。天驥皆籋雲，長鳴飽芻禾。王庭旅百寶，大具隨弓戈。君獨一麾去，欲賡五袴歌。甘棠古樂國，白酒金叵羅。知君不久留，治行中新科。過客足嗔喜，東堂記分鵝。此外但坐嘯，後生工揣摩。

送賈訥倅眉二首

當年入蜀歎空回，未見峩眉肯再來。童子遥知頌襦袴，

使君先已洗樽罍李大夫眉之賢守也鹿頭北望應逢鴈人日東郊尚有梅人日出東郊渡江游蟇頤山眉之故事也我老不堪歌樂職後生試覔子淵才

老翁山下玉淵回手植青松三萬栽父老得書知我在小軒臨水為君開試看一一龍虵活更聽蕭蕭風雨哀便與甘棠同不翦蒼髯白甲待歸來先君塋於蟇頤山之東二十餘里地名老翁泉君許為一往感歎之深故及

送程建用

先生本舌耕文字浩千頃空倉付公子坐待發茗頴十年困新説兒女爭捕影鑿垣種蒿蓬嘉穀誰復省空

餘南陔意太息北堂冷織屨隨方進採薪教韋逞辛勤守一經蔣水賢五卯今年聞起廢魯史復光景公子亦改官三就繁馬頸歸來一笑粲素髮颯垂領會看金花詔湯沐奉朝請天公不吾欺壽與龜鶴永

次韻李脩孺留別二首

十年流落敢言歸魚鳥江湖只自知豈意青天掃雲霧盡呼黃髮寄安危風流吾子真前輩人物他年記一時我欲折繻留此老緇衣誰作好賢詩

此生別袖幾回麾夢裏黃州空自疑何處青山不堪老當年明月巧相隨窮通等是思家意衰病難堪送客

悲好去江魚煑江水斂南歸路有姜詩

次韻黃魯直赤目

誦詩得非子夏學紬史正作丘明書天公戲人亦薄相略遣幻翳生明珠賴君年來屏鮮腴百千燈光同一如書成自寫蠅頭表端就君王覓鏡湖

和周正孺墜馬傷手

平生學道已神完豈復兒童私自憐醉墜何曾傷內守色憂當為念先傳書空漸覺新詩健把蟹行看樂事全賣却老驄為酒直大呼鄉友作新年

戲周正孺二絶

折臂三公未可知會當千鎰訪權奇勸君鬻駱猶閑事

腸斷閨中楊柳枝

天廐新頒玉鼻騂故人共弊亦常情相如雖老猶能賦

換馬還應繼二生

題文與可墨竹幷敘

故人文與可爲道師王執中作墨竹且謂執中勿使他

人書字待蘇子瞻來令作詩其側與可既没八年而軾

始還朝見之乃賦一首

斯人定何人游戲得自在詩鳴草聖餘兼入竹三昧時

時出木石荒怪軼象外舉世知珍之賞會獨余最知音

古難合奄忽不少待誰云死生隔相見如龔隗

潘推官母李氏挽詞

南浦淒涼老逐臣東坡還往盡幽人杯盤慣作陶家客弦誦常叨孟母隣尚有升堂他日約豈知負土一阡新今年我欲江湖去莫雨連山宰樹春

玉堂栽花周正孺有詩次韻

故山桃李半荒榛粗報君恩便乞身竹簟暑風招我老玉堂花蕊為誰春纖纖翠蔓詩催發皎皎霜葩鬢鬬新只有來禽青李帖他年留與學書人

杜介送魚

新年已賜黄封酒舊老仍分頳尾魚陋巷閟門頁朝日
小園除雪得春蔬病妻起斫銀絲鱠稚子讙尋尺素書
醉眼矇曨覔歸路松江煙雨晚踈踈

送杜介歸楊州

再入都門萬事空閑看清洛漾東風當年幃幄幾人在
回首觚稜一夢中採藥會須逢蓟子問禪何處識龎翁
歸來鄰里應迎笑新長淮南舊桂叢

秋詠石屏

霏霏點輕素耿耿開重陰風花亂紫翠雪外有煙林雪
近勢方壯林遠意殊深會有無事人支頤識此心

二、九五

和黄魯直燒香二首

四句燒香偈子隨香遍滿東南不是聞思所及且令鼻觀先參

萬卷明窓小字眼花只有斕斑一炷煙消火冷半生身老心閑

再和二首來詩言飲酒畫竹石草書

置酒未逢休沐便同越北燕南且復歌呼相和隔墻知是曹參

丹青已自前世竹石時窺一斑五字當還靜節數行誰似髙閑

武昌西山 并敘

嘉祐中翰林學士承旨鄧公聖求為武昌令常遊寒溪西山山中人至今能言之軾謫居黄岡與武昌相望亦常往來溪山間元祐元年十一月二十九日考試館職與聖求會宿玉堂偶話舊事聖求嘗作元次山窪樽銘刻之巖石因為此詩請聖求同賦當以遺邑人使刻之銘側

春江渌漲蒲萄醅武昌官柳知誰栽憶從樊口載春酒步上西山尋野梅西山一上十五里風駕兩腋飛崔嵬同遊困臥九曲嶺褰衣獨到吳王臺中原北望在何許但見落日低黄埃歸來解劍亭前路蒼崖半入雲濤堆

浪翁醉處今尚在石臼杯飲無樽罍爾來古意誰復
嗣公有妙語留山隈至今好事除草棘常恐野火燒蒼
苔當時相望不可見玉堂正對金鑾開豈知白首同夜
直卧看椽燭高花摧江邊曉夢忽驚斷銅環玉鎖鳴
春雷山人帳空猿鶴怨江湖水生鴻鴈來請公作詩寄父
老往和萬壑松風哀

再用前韻

朱顏發過如春醅胃中梨棗初未栽丹砂未易掃白髮
赤松却欲參黃梅寒溪本自遠公社白蓮翠竹依崔嵬
當時石泉照金像神光夜發如五臺飲泉鑒面得真意

坐視萬物皆浮埃欲收暮景返田里遠泝江水窮離堆
還朝豈獨羞老病自歎才盡傾空罍諸公渠渠若夏屋
吞吐風月清隅隈我如廢井久不食古甃缺落生陰苔
數詩往復相感發汲新除舊寒光開遥知二月春江闊
雲浪倒卷雲峯摧石中無聲水亦静云何解轉空山雷
欲就諸公評此語要識憂喜何從來顧求南宗一勺水往
與屈賈湔餘哀韋應物詩云水性本云静石中固無聲如何兩相激雷轉空山驚

送楊孟容

我家峩眉陰與子同一邦相望六十里共飲玻瓈江江山
不違人遍滿千家窻但苦窻中人寸心不自降子歸㳅

國洪鐘噎徵撞我留侍玉坐弱步欹豐扛後生多高才
名與黃童雙不肯入州府故人餘老龐慇勤與問訊愛
惜霜眉厖何以待我歸寒醅發春缸

見子由與孔常父唱和詩輒次其韻余昔在館
中同舍出入輒相聚飲酒賦詩近歲不復講故
終篇及之庶幾諸公稍復其舊亦太平盛事也

君先魯東家門戶照千古文章固應爾須鬛餘似虓雖
非嘗俱狀尚有歷國苦誦書口瀾翻布穀雜杜宇十年
困犇走櫛沐飽風雨吾道其非耶野虓豈兕虎灞陵
閑老將柏直口尚乳自君兄弟還鼎立知有補蓬山耆

舊散故事誰刪去來迎馮翊傳出餞會稽組吾猶及前

輩詩酒盛册府頗君唱此風揚觶斯杜舉

趙令晏崔白大圖幅徑三丈

扶桑大蠒如甕盎天女織綃雲漢上往來不遣鳳啣梭

誰能鼓臂投三丈人間刀尺不敢裁丹青付與濠梁崔風

蒲半折寒鴈起竹間的皪横江梅畫堂粉壁翻雲幕十

里江天無處着好卧元龍百尺樓笑看江水拍天流

次韻張昌言給事省宿

馮顛久已歎殘雪戎眼何曾眩落暉朔野按行猶雀躍

東臺瞑坐覺烏飛道家有烏飛入兎宮之説漫誇年少容吾在樂天詩云

猶有誇張少年處笑呼張文渙殷兄若闘樽前舉世稀待向崧陽求水竹一犂煙雨伴公歸

和三舍人省上　三月二十九日作明日駕幸景靈宮

紛紛榮瘁何能久雲雨從來翻覆手恍如一夢墮枕中却見三賢起江右曾子開劉貢父孔經父皆江西人嗟君妙質皆瑚璉顧我虛名但箕斗明朝冠蓋蔚相望共扈翠輦朝宣光武皇已老白雲鄉正與群帝驂龍翔獨留杞梓扶明堂

送錢承制赴廣南路分都監

當年我作表忠碑坐覺江山氣未衰舞鳳尚從天目下收駒時有渥洼姿擄床到處堪吹笛橫槊何人解賦詩

知是丹霞破佛手先聲應已懾群夷（廣西僧寺頃有佛動之異錢君碎而投之江中）

次韻曾子開從駕二首

街槐綠闇雨初勻瑞霧香風滿後塵清廟幸同觀濟濟
豐年喜復接陳陳雍容已饜天庖賜俯伏初嘗貢茗新
輦路歸來聞好語共驚堯顙類高辛

入仗鵷鷺愧草萊一聲清蹕九門開暉暉日傍金輿轉
習習風從玉宇來流落生還真一芥周章危立近三槐
（學士班近執政）道傍儻有山中舊問我收身早晚回

再和

眼花錯莫鬢霜勻病馬羸騶只自塵奉引拾遺叨侍從

三八五

思歸少傅羡朱陳衰年壯觀空驚目𡸣韻清詩苦鬭新

最後數篇君莫厭擣殘椿桂有餘辛

憶觀滄海過東萊日照三山迤邐開挂觀飛樓凌霧起

仙幢寶蓋拂天來不聞宮漏催晨箭但覺簷陰轉古槐

供奉清班非老處會稽何日乞方回時方開會稽守

次韻劉貢父省上

密雲今日破郊西疎雨翛翛未作泥要及清閑同笑語

行看衰病費扶携花前白酒傾雲液戶外青驄響月題

不用臨風苦揮淚君家自與竹林齊貢父詩中有不及與其兄原父同時之歎然其兄子仲馮今為起居舍人

再和

當年曹守我膠西共厭餔糟與汨泥自古赤丸成習俗因公黃犢免提携生還各有青山興病起猶能小字題莫怪歌吁數相和曾將獄市寄全齊貢父為曹州盜賊皆奔秦境蓋嘗有詩云從來晉盜稍奔秦

送顧子敦奉使河朔

我友顧子敦軀膽兩俊偉便便十圍腹不但貯書史容君數百人一笑萬事已十年卧江海了不見慍喜磨刀向豬羊釃酒會鄰里歸來如一夢豐頰愈茂美平生批敕手濃墨寫黃紙會當勒燕然廊廟登劍履翻然向河

朔坐念東郡水河來此不去如尊乃勇耳

次韻子由送家退翁知懷安軍

吾州同年友粲若琴上星當時功名意豈止拾紫青事既喜違願天或不假齡今如圖中鶴俛仰在一庭（吾州同年友十有三人今存者六人而已故有琴上星圖中鶴之語）西南王春早廢沼黏枯萍翩然一麾去想見靈雨零我無謫仙句待詔沉香亭空驂內廄馬天仗隨雲軿竟無絲毫補著焉誰汝今永愧舊山叟憑君寄丁寧

諸公餞子敦以病不往復次前韻

君為江南英面作河朔偉人間一好漢誰似張長史

書苦留君言拙輒報已置之勿復道出處俱可喜攀輿
共六尺食肉飛萬里誰言遠近殊等是朝廷美遥知送
别處醉墨爭淋紙我以病杜門商頌空振履後會知何
日一歡如覆水善保千金軀前言戲之耳

和張昌言喜雨

二聖憂勤忘寢食百神奔走會風雲禁林夜直鳴江瀨
清洛朝回起穀紋夢覺酒醒聞好句帳空簟冷發餘薰
秋來定有豐年喜剩作新詩準備君

次韻劉貢父西省種竹

要知西掖承平事記取劉郎種竹初舊德終呼名字外

後生誰續笑談餘昔李公擇種竹館中戲語同舍後人指此竹必云李文正手植貢父笑曰文正不獨繫筆亦知種竹耶時有筆工李文正成陰障日行當見取筍供庖計已踈白首

林間望天上平安時報故人書李衛公北都童子寺竹寺僧日報平安

偶與客飲孔常父見訪方設席延請忽上馬馳去已而有詩戲用其前韻荅之

揚雄他文不皆奇獨稱觀缾居井眉酒客法士兩小兒

陳遵張竦曾何知主人有酒君獨辭蟹螯何不左手持

豈復見吾橫氣機遣人追君君絕馳盡力去花君自癡

醍醐與酒同一巵請君更問文殊師

次韻子由書李伯時所藏韓幹馬

潭潭古屋雲幕垂省中文書如亂絲忽見伯時畫天馬
朔風胡沙生落錐天馬西來從西極勢與落日爭分馳
龍膺豹股頭八尺奮迅不受人間覊元狩虎脊聊可友
開元玉花何足奇伯時有道真吏隱飲啄不羨山梁雌
丹青弄筆聊爾耳意在萬里誰知之幹惟畫肉不畫骨
而況失實空餘皮煩君巧説腹中事妙語欲遣黄泉知
君不見韓生自言無所學廐馬萬匹皆吾師

次韻劉貢父獨直省中

明窗晨日曉先暾高柳鳴蜩午更喧筆老新詩疑有物
心空客疾本無根隔墻我亦眠風榻上馬君先瑣月軒

三六三

共喜早歸三伏近解衣盤礴亦君恩

軾以去歲春夏侍立邇英而秋冬之交子由相

繼入侍次韻絶句四首各述所懷

曈曈日脚曉猶清細細槐花暖自零坐閲諸公半廊廟

時看黄色起天庭僕射呂公門下韓公左丞劉公皆自講席大用

上尊初破早朝寒茗盌仍沾講舌乾陛楯諸郎空雨

立故應懸悔不儒冠

兩鶴摧頹病不言年來相繼亦乘軒慏聞九奏聊飛

舞可得裴回爲啄吞

徽生偶脱風波地晚歲猶存鐵石心定似香山老居

士世緣終淺道根深樂天自江州司馬除忠州刺史旋以主客郎中知制誥遂拜中書舍人軾雖不敢自比然謫居黃州起知文登召為儀曹遂忝侍從出處老少大畧相似庶幾復享此翁晚節閑適之樂焉

送宋朝散知彭州迎侍二親

東來誰迎使君車知是丈人屋上烏丈人今年二毛初
登樓上馬不用扶使君賀弩為前驅蜀人不復談相如
老幼化服一事無有鞭不施安用蒲春波如天漲平湖
鞓紅照坐香生膚桊韝上壽白玉壺公堂登歌鳳將雛

諸孫欋笑爭挽須蜀人畫作西湖圖

郭熙畫秋山平遠潞公為跋尾

玉堂晝掩春日閑中有郭熙畫春山鳴鳩乳燕初睡起

白波青嶂非人間離離短幅開平遠漠漠疎林寄秋晚
恰似江南送客時中流回頭望雲巘伊川佚老鬢如霜
卧看秋山思洛陽為君紙尾作行草烱如嵩洛浮秋光
我從公遊如一日不覺青山映黃髮為畫龍門八節灘
待向伊川買泉石

次韻張昌言喜雨

千里黃流失故居年來赤地到青徐遥聞爭誦十行語
無異親巡六尺輿精貫天人一言足雲興嶽瀆萬靈趨
愛君誰似元和老賀雨詩成即諫書

書晁補之所藏與可畫竹三首

與可畫竹時見竹不見人豈獨不見人嗒然遺其身其身與竹化無窮出清新莊周世無有誰知此疑神

若人今已無此竹寧復有那將春蚓筆畫作風中柳君看斷崖上瘦節蛟蛇走何時此霜竿復入江湖手

晁子拙生事舉家聞食粥朝來又絕倒諛墓得霜竹可憐先生槃朝日照苜蓿吾詩固云爾可使食無肉吾舊詩云可使食無肉不可居無竹

戲用晁補之韻

昔我嘗陪醉翁醉今君但吟詩老詩清詩咀嚼那得飲瘦竹瀟洒令人飢試問鳳凰飢食竹何如駑馬肥苜蓿

知君忍飢空誦詩口頰瀾翻如布穀

書皇親畫扇

十年江海寄浮沉夢遶江南黄葦林誰謂風流貴公子筆端還有五湖心

書李世南所畫秋景

野木參差落漲痕踈林欹倒出霜根扁舟一棹歸何處家在江南黄葉村

人間斤斧日創夷誰見龍蛇百尺姿不是溪山曾獨往何人解作掛猿枝

書鄢陵王主簿所畫折枝二首

論畫以形似見與兒童鄰賦詩必此詩定非知詩人詩
畫本一律天工與清新邊鸞雀寫生趙昌花傳神何如
此兩幅踈澹含精勻誰言一點紅解寄無邊春
瘦竹如幽人幽花如處女低昂枝上雀搖蕩花間雨雙
翎決將起衆葉紛自舉可憐採花蜂清蜜寄兩股若
人富天巧春色入毫楮懸知君能詩寄聲求妙語
昨見韓丞相言王定國今日玉堂獨坐有懷其
人
晝卧玉堂上微風舉輕紈銅缾下碧井百尺鳴飛瀾俛
仰清夢餘受此一掬寒似予平生友苦語涼肺肝秀眉

王兩頰矯矯如翔鸞置之江淮交清詩洗江湍紅鱗對

白酒信美非所安丞相功業成還家酒盃寬人間有此

客折簡呼不難相將扣東閤起舞盡餘歡

和張耒高麗松扇

可憐堂堂十八公老死不入明光宫萬牛不來難自獻

裁作團團手中扇屈身蒙垢君一洗挂名君家詩集裏

猶勝漢宫悲婕妤網蟲不見乘鸞子

故李承之待制六丈挽詞

青青一寸松中有梁棟姿天驥墮地走萬里端可期世

無阿房宫可建五丈旗又無穆天子西征燕瑶池材大

古難用老死亦其宜丈夫恐不免豈患莫已知公如松與驥少小稱偉奇俯仰自廊廟笑談無羌夷清朝竟不用白首仍憂時顧斬橫行將請烹乾沒兒言雖不見省坐折姦雄窺嗟我去公久江湖生白髭歸來耆舊盡零落存者誰比公嵇中散龍性不可羈疑公李北海慷慨多雄詞淒涼五君詠沉痛八哀詩邪正久乃明人今屬公思九原不可傳千古有餘怨

次韻孔常父送張天覺河東提刑

送君應典鷫鸘裘憑仗千鍾洗別愁脫帽風流餘長史君喜草書而不工故以此為戲埋輪家世本留侯張綱子房七世孫也犍為武陽人墓在今彭山君豈其後

耶

于河驟馬方爭出（于鱗河府 河汾馬出）昭義疲兵亦必休（唐稱昭義步兵）

定向秋山得嘉句（簪盡澤瀝弓箭手）故關黃葉滿行輈

送張天覺得山字

西登太行嶺北望清漳山晴空浮五髻晻藹卿■間餘

光入巖石神草出茅菅何人相指似稍稍落人寰能念

墮指兒虬髯耕出米頹祝君如此草爲民已痼瘝我亦老

且病眼花腰腳頑念當勤致此草作河東慳

次韻王定國揚州倅

此身江海寄天遊一落紅塵不易收未許相如還蜀道

空教何遜在揚州又驚白酒催黃菊尚喜朱顏映黑頭

火急著書千古事虞卿應未厭窮愁

東坡集卷第十六

东坡集十六卷　十二

三十三

東坡集卷第十六

[illegible]

東坡集卷第十七

詩八十八首

贈李道士 并敘

駕部員外郎李君宗固景祐中良吏也守漢州有道士尹可元精練善畫以遺火得罪當死君緩其獄會赦獲免時可元年八十一自誓且死必爲李氏子以報可元既死二十餘年而君子世昌之婦夢可元入其室生子曰得柔小名蜀孫幼而善畫既長讀莊老喜之遂爲道士賜號妙應事母以孝謹聞其寫真蓋妙絕一時云

世人只數曹將軍誰知虎頭非癡人腰間大羽何足道頰上三毛自有神平生狎侮諸公子戲著幼輿巖石裏故教世世作黄冠布襪青鞋弄雲水千年鼻祖守關門一念還為李耳孫香火舊緣何日盡丹青餘習至今存五十之年初過二衰顏記我今如此他時要指集賢人知是香山老居士

次韻張舜民自御史出倅虢州留别

玉堂給札氣如雲初喜湘纍復佩銀樊口淒涼已陳迹昔與張同游武昌樊口來詩中及之班心突兀見長身臺史謂御史立處為班心江湖前日真成夢鄠杜他年恐卜鄰此去若容陪坐

嘯故應客主盡詩人

次韻米黻二王書跋尾二首

三館曝書防蠹毀得見來禽與青李秋蛇春蚓久相雜野鶩家雞定誰美玉函金籥天上來紫衣敕使親臨啓紛綸過眼未易識磊落挂壁空雲委歸來妙意獨追求坐想蓬山二十秋怪君何處得此本上有桓玄寒具油巧偷豪奪古來有一笑誰似癡虎頭君不見長安永寧里王家破垣誰復修

元章作書日千紙平生自苦誰與美畫地為餅未必似要令癡兒出饞水錦囊玉軸來無趾粲然奪真疑

聖智忍飢看書淚如洗至今魯公餘乞米

次韻宋肇惠澄心紙二首

詩老囊空一不留百番曾作百金收（永叔以澄心百幅遺聖俞聖俞有詩）知君也厭雕肝腎分我江南數斛愁

君家家學陋相如宜與諸儒論石渠古紙無多更分我自應給札奏新書

郭熙秋山平遠二首

目盡孤鴻落照邊遥知風雨不同川此間有句無人見送與襄陽孟浩然

木落騷人已怨秋不堪平遠發詩愁要看萬壑爭流

㔨他日終煩顧虎頭

送歐陽辯監澶州酒

汗血篤鼓車何從致千里紛紛糟麴間欲試賢公子君家江南英濯足滄浪水朅渡舊黄河漲沙埋馬耳由來付造物倚伏何窮已當念楚子文三仕無愠喜

九月十五日邇英講論語終篇賜執政講讀史官燕于東宫又遣中使就賜御書詩各一首臣軾得紫薇花絶句其詞云絲綸閣下文書静鐘鼓樓中刻漏長獨坐黄昏誰是伴紫薇花對紫薇郎翌日各以表謝

又進詩一篇臣軾詩云

繡裳畫衮雲垂地不作成王翦桐戲日高黃繖下西清風動槐龍舞交翠（邇英閣前有雙槐樛枝屬地如龍形）壁中蠹簡今千年漆書蝌蚪光射天諸儒不復憂吻燥東宮賜酒如流泉酒酣復拜千金賜一紙驚鸞回鳳字蒼頡白髮便生光袖有驪珠三十四（臣所賜詩并題目及臣姓名凡三十四字）歸來車馬已喧闐爭看銀鈎墨色鮮人間一日傳萬口喜見雲章第一篇（上前此未嘗以御書賜群臣）玉堂畫掩文書靜鈴索不搖鐘漏永莫言弄筆數行書須信時平由主聖天手散畫沙漠空捷烽夜到甘泉宮似聞指麾

築上郡已覺談笑無西戎時熙河新獲鬼章是日巠原復奏夏賊數十萬人皆遁去

文思天子師文母終閉玉關辭馬武小臣願對紫薇

花試草尺書招贊普謹按唐制翰林學士帶知制誥許綴中書舍人班今臣以知制誥待罪禁林故得以紫薇為故事

和王晉卿并敘

駙馬都尉王詵晉卿功臣全彬之後也元豐二年予得罪貶黄岡而晉卿亦坐累遠謫不相聞者七年予既召用晉卿亦還

朝相見

殿門外感歎之餘作詩相屬託物悲慨阨窮而不怨

秦而不驕佳其貴公子有志如此故次其韻

先生飲東坡獨舞無所屬當時挹明月對影三人足
醉眠草棘間蟲虺莫予毒醒來送歸鴈一寄千里目
悵焉懷公子旅食久不玉欲書加飡字遠託西飛鵠
謂言相濡沫未足救溝瀆吾生如寄耳何者為禍福
不如兩相忘昨夢那可逐上書得自便歸老湖山曲
躬耕二頃田自種十年木豈知垂老眼却對金蓮燭
公子亦生還仍分刺史竹賢愚有定分尊俎守尸祝
文章何足云執技等醫卜朝廷方西顧羌虜驕未伏
遥知重陽酒白羽落黃菊羡君真將家浮面氣可掬

袁天綱語寶軌君語則赤氣浮面為將勿多殺人何當請長纓一戰河湟復

謝王澤州寄長松兼簡張天覺二首

莫道長松浪得名能教覆額兩眉青便將徑寸同千尺知有奇功似伏苓

憑君說與埋輪使速寄長松作解嘲送張天覺詩有埋輪及河東慳之語無復青黏和漆葉枉將鍾乳敵仙茅

次韻劉貢父所和韓康公憶持國二首

夢覺真同鹿覆蕉相君脫屣自參寥顏紅底事髮先白室邇何妨人自遥狂似次公應未怪醉推東閣不須招援毫欲作衣冠表盛事終當繼八蕭唐蕭氏自瑀及遘八宰相

閉戶端居念獨深小軒朱檻憶同臨燎須誰識英公意（英公為其姊作粥燎須曰吾與姊皆老矣能幾進粥）黃髮聊知子建心（子建與楚王彪別詩云王其愛玉體共享黃髮期）已託西風傳絕唱且邀明月伴孤斟他年內集應呼我下客先判（平）醉墮簪

次韻劉貢父叔姪扈駕

玉堂孤坐不勝清長羨枚鄒接長卿只許隅墻閒置酒時因議事得聯名機雲似我多遺俗廣受如君不治生共託屬車塵土後鈞天一餉夢中榮

次韻韓康公置酒見留

庭下黃花一醉同重來雪巘已穹窿不應屢費譏安

石但使毋多酌次公鍾乳金釵人似玉鷃紘鐵撥坐
生風少卿尚有車茵在頗覺寬容勝弱翁

次韻王都尉偶得耳疾

君知六鑿皆爲贅我有一言能決疣病客巧聞牀下
蟻癡人强覷棘端猴聰明不在根塵裏藥餌空爲婢
僕憂但試周郎看聾否曲音小誤已回頭

送喬仝寄賀君六首并敘

舊聞靖長官賀水部皆唐末五代人得道不死　章
聖皇帝東封有謁於道左者其謁云晉水部員外郎
賀元再拜而去　上不知也已而閲謁見之大驚物

色求之不可得天聖初又使其弟子喻澄者詣闕
進佛道像直數千萬張公安道與澄遊具得其事又
有喬仝者少得大風疾幾死賀使學道今年八十益
壯盛人無復見賀者而仝數見之元祐二年十二月
仝來京師十許日予留之不可曰賀以上元期我於
嵩山又曰吾師嘗遊密州識君於常山道上意若喜
君者作是詩以送之且作五絕句以寄賀
君年二十美且都初得惡疾墮眉須紅顔白髮驚妻
孥覽鏡自嫌欲弃軀結茅窮山啖松腴路逢逃秦博
士盧方瞳照野清而臞再拜未起煩一呼覺知此身

了非吾烱然蓮花出淤塗隨師東遊渡濰郏濰郏密州二水

名山頭見我兩輪朱豈知仙人混屠沽爾來八十胷

垂胡上山如飛瞋人扶東歸有約不敢渝新年當參

老仙儒秋風西來下雙凫得棗如瓜分我無

生長兵間早脫身晚為元祐太平人不驚渤澥桑田

變來看龜蒙漏澤春

曾謁東封玉輅塵幅巾短褐亦逡巡行宮夜奏空名

姓悵望雲霞縹眇人

垂老區區豈為身微言一發重千鈞始知不見高皇

帝正是商山四老人

舊聞父老晉郎官已作飛騰變化看聞道東蒙有居

處願供薪水看燒丹

千古風流賀季真最憐嗜酒謫仙人狂吟醉舞知無

益粟飯藜羹問養神

送家安國教授歸成都

別君二十載坐失兩鬢青吾道雖艱難斯文終典刑

屢作退飛鷁羞看乾死螢一落戎馬間五見霜葉零

夜談空說劍春夢猶橫經新科復舊貫童子方乞靈

須煩淩雲手去作入蜀星蒼苔高朕室古柏文翁庭

初聞編簡香始覺鋒鏑腥岷峨有雛鳳梧竹養脩翎

嗚呼應嶰律飛舞集虞廷吾儕便歸老亦足慰餘齡

和子由除夜元日省宿致齋三首

江淮流落豈關天禁省相望亦偶然等是新年未相

見此身應坐不歸田

白髮蒼顏五十三家人強遣試春衫朝回兩袖天香

滿頭上銀幡笑阿咸

當年踏月走東風坐看春闈鎖醉翁白髮門生幾人

在却將新句調兒童

次韻荅張天覺二首

車輕馬穩轡銜堅但有蚊蝱喜撲緣截斷口前君莫

怪人間差樂勝巢仙

馭風騎氣我何勞且要長松作土毛亦如訶佛丹霞

老却向清涼禮白毫

次韻黃魯直畫馬試院中作

少年鞍馬勤遠行卧聞齕草風雨聲見此忽思短策

横十年髀肉磨欲透那更陪君作詩瘦不如芋魁歸

飯豆門前欲嘶御史驄詔恩三日休老翁羨君懷中

雙橘紅黃有老母

余與李廌方叔相知久矣領貢舉事而李

不得第愧甚作詩送之

與君相從非一日筆勢翩翩疑可識平時謾說古戰場過眼終迷日五色我慙不出君大笑行止皆天子何責青袍白紵五千人知子無怨亦無德買羊沽酒謝玉川為我醉倒春風前歸家但草凌雲賦我相夫子非癯仙

和王晉卿送梅花 次韻

東坡先生未歸時自種來禽與青李五年不踏江頭路夢逐東風泛蘋芷江梅山杏為誰容獨笑依依臨野水此間風物君未識花浪翻天雪相激明年我復在江湖知君對花三嘆息

三〇一

和宋肇遊西池 次韻

漢皇慈儉不開邊尚教千艘下瀨舡貪看艨艟飛鬬艦不知贔屭舞鈞天故山西望三千里往事回思二十年自笑區區足官府不如公子散神仙

書艾宣畫四首

竹鶴

此君何處不相宜況有能言老令威誰識長身古君子猶將緇布緣深衣

黃精鹿

太華西南第幾峯落花流水自重重幽人只採黃精

去不見春山鹿養茸

杏花白鷴

天工翦刻為誰妍袍蘂游蜂自作團把酒惜春都是夢不如閑客此閑看

蓮龜

半脫蓮房露壓欹綠荷深處有游龜只應翡翠蘭苕上獨見玄夫曝日時

僕領貢舉未出錢穆父雪中作詩見及三月二十日同游金明池始見其詩次韻為荅

雪知我出已全消花待君來未敢飄行避門生時小

飲忽逢騎吏有嘉招魚龍絶技來千里斑白遺民數四朝知有黃公酒壚在蒼顔華髮自相遥

次韻子由五月一日同轉對

跪奉新書笏在腰談王正欲伴耕樵晉陽豈爲一門事唐高祖謂温大推兄弟云我起義晉陽止爲御一門耳宣政聊同五月朝正元中詔曰自今後五月一日御宣政殿與文武百僚相見憂患半生聯出處歸休上策早招要後生可畏吾衰矣刀筆從來錯料堯

韓康公挽詞三首

故國非喬木興王有世臣嗟予後死者猶及老成人德業經文武風流表縉紳空餘行樂地慼慼泣遺民

再世忠清德三朝翼贊勳功成不歸國就訪敢忘君

舊學嚴詩律餘威靖塞氛何當繼韓奕故吏總能文

西第開東閣初筵點後塵笙歌邀白髮燈火樂青春

扶路三更罷回頭一夢新賦詩猶墨濕把卷獨沾巾

柏石圖詩并敘

陳公弼家藏柏石圖其子慥季常傳寶之東坡居士作詩以為之銘

柏生兩石間天命本如此雖云生之艱與石相終始

韓子俯仰人但愛平地美土膏雜糞壤成壞幾何耳

君看此槎牙豈有可移理蒼龍轉玉骨黑虎抱金梃

畫師亦可人使我毛髮起當年落筆意正欲譏韓子

慶源宣義王丈以累舉得官為洪雅主簿

雅州戶掾遇吏民如家人人安樂之既謝

事居眉之青神瑞草橋放懷自得有書來

求紅帶既以遺之且作詩為戲請黃魯直

學士秦少游賢良各為賦一首為老人光華

青衫半作霜葉枯遇民如兒吏如奴吏民莫作官長

看我是識字耕田夫妻啼兒號刺史怒時有野人來

挽須拂衣自注下下考芋魁飯豆吾豈無歸來瑞草

橋邊路獨游還佩平生壺慈母巖前自喚渡青衣江

上人爭扶今年蚕市數州集中有遺民懷袴襦邑中之黠相指似白鬚紅帶老不癯我欲西歸卜鄰舍隔墻拊掌容歌呼不學山王乘駟馬回頭空指黄公壚

次許沖元韻送成都髙士敦鈐轄

移中老監本虚名懶作燕山萬里行余與髙君奉使契丹辭免不行坐看飛鴻迎使節歸來駿馬换傾城髙才本不縁勲閥餘力還思治蜀兵西望雪山烽火盡不妨樽酒寄平生

次前韻送程六表弟

君家兄弟真連壁門十朱輪家萬石竹使猶分刺史

符尚方行賜尚書爲前年持節發倉廪到處賣刀收

璽粟歸來閉口不論功却是渡江誰復惜君才不用

如㵎松我老得全猶社櫟青衫莫厭百僚底白首上

有千薪積憶昔江湖一釣舟無數雲山供點筆未應

便障西風扇只恐先移北山檄憑君寄謝江南叟念

我空見長安日浮江泝蜀有成言江水在此吾不食

和王晉卿題李伯時畫馬

督郵有良馬不爲君所竒顧收紙上影駿骨何由歸

一朝見縈策蟻封驚肉飛豈惟馬不遇人已半生癡

送錢穆父出守越州絶句二首

簿書常苦百憂集樽酒今應一笑開京兆從教思廣漢會稽聊喜得方回若耶溪水雲門寺賀監荷花空自開我恨今猶在泥滓勸君莫棹酒舡回

戲書李伯時畫御馬好頭赤

山西戰馬飢無肉夜嚼長稭如嚼竹蹴閻三丈是徐行不信天山有坑谷豈如厩馬好頭赤立仗歸來卧斜日莫教優孟卜葬地厚衣薪槱入銅歷

送程七表弟知泗州

江湖不在眼塵土坐滿顔繫舟清洛尾初見淮南山

淮山相媚好曉鏡開煙鬟持此娱使君一笑簿領閒
使君如天馬朝燕莫判蠻時無王良手空老十二閑
聊當出毫末化服狻與頑勿謂無人知古佛臨濤灣
赤子視萬類流萍閱人寰但使可此人餘事真茆菅

送曹輔赴閩漕

曹子本儒俠筆勢翻濤瀾徃來戎馬間邊風裂儒冠
詩成橫槊裏楯墨何曾乾一旦事遠遊紅塵隔巖灘
平生羊炙口並海搜鹹酸一從荔枝飲豈念苜蓿槃
我亦江海人市朝非所安常恐青霞志坐隨白髮闌
淵明賦歸去談笑便解官今我何為者索身良獨難

憑君問清淮秋水今幾竿我舟何時發霜露日已寒

次韻王郎子立風雨有感

百年一俯仰寒暑相主客稍增裘褐氣已覺團扇厄
不須計榮辱此喪彼有獲我琴終不敗無攫故無釋
後生不自牧呻吟空挾策揠苗不待長賣菜苦求益
此郎獨靜退門外無行迹但恐陶淵明每為飢所迫
淒風弄衣結小雪穿門席願君付一笑造物亦戲劇
朝來賦雲夢筆落風雨疾為君裁春衫高會開桂籍

次韻黃魯直嘲小德小德魯直子其母微
故其詩云解著潛夫論不妨無外家

進饌客爭起小兒那可涯莫欺東方星三五自横斜
名駒已汗血老蚌空泥沙但使伯仁長還與絡秀家
書林次中所得李伯時歸去來陽關二圖
後二首
不見何戡唱渭城舊人空數米嘉榮龍眠獨識慇懃
處畫出陽關意外聲
兩本新圖寶墨香樽前獨唱小秦王為君翻作歸來
引不學陽關空斷腸
送蹇道士歸廬山
物之有知蓋恃息孰居無事使出入心無天遊室不

空六鑿相攘婦爭席法師逃人入廬山山中無人自往還往者一空還者失此身正在無還間緜緜不絶微風裏内外丹成一彈指人間俯仰三千秋騎鶴歸來與子游

卧病逾月請郡不許復直玉堂十一月一日鏁院是日苦寒　詔賜官燭法酒書呈同院

微霰踈踈點玉堂詞頭夜下攬衣忙分光御燭星辰爛拜賜官壺雨露香醉眼有花書字大老人無睡漏聲長何時却逐桑榆暖社酒寒燈樂未央

送周朝議守漢州

茶為西南病岷俗記二李杞與稷也何人折其鋒矯矯六君子思道與姪正孺張永徽吳醇翁呂元鈞宋文輔也君家尤出力流落初坐此謂當收桑榆華髮看斂履胡為犯風雪歲晚行未已念歸誠得計顧自為謀耳吾聞江漢間瘡痏有未起莫輕龔遂老君王付尺箠召還當有詔挽袖謝鄰里猶堪作水衡供張園林美

木山 并敘

吾先君子嘗蓄木山三峯且為之記與詩詩人梅二丈聖俞見而賦之今三十年矣而猶子千乘又得五峯益奇因次聖俞韻使并刻之其側

聖俞詩

空山枯楠大蔽牛霹靂夜落魚鳧洲魚鳧水射幾千
秋蠹肌爛隨沙蕩流惟存堅骨蛟龍鎪形侔三山中
雄酋左右雨峯相挾翼尊奉君長無慢尤蘇夫子見
之驚且喜買於谿叟憑貂裘因嗟大不為梁棟又歎
殘不為薪槱雨侵蘚澀得石瘦宜與夫子歸隱丘

次韻

木生不願回萬牛願終天年仆沙洲時來幸逢河伯
秋撇然見怪推不流蓬婆雪領巧雕鎪蟄蟲行蟻為
豪酋阿咸大膽忽持去河伯好事不汝尤城中古沼

浸坤軸一林瘦竹吾菟裘二頃良田不難買三年榿
木行可樵會將白髮對蒼巘魯人不厭東家丘

送千乘千能兩姪還鄉

治生不求富讀書不求官譬如飲不醉陶然有餘歡
君看龐德公白首終泥蟠豈無子孫念顧獨遺以安
鹿門上冢回牀下拜龍鸞躬耕竟不起耆舊節獨完
念汝少多難冰雪落綺紈五子如一人奉養真色難
烹雞獨餽母自饗苜蓿槃口腹恐累人寧我食無肝
西來四千里敝袍不言寒秀眉似我兄亦復心閑寛
忽然捨我去歲晚留餘酸我豈軒冕人青雲意先闌

汝歸蒔松菊環以青琅玕檻陰三年成可以挂我冠清江入城郭小圃生微瀾相從結茆舍曝背談金鑾

送周正孺知東川

得郡書生榮還家昔人重而况東西川千騎許上冢里門下車入父老自驚聳端如何武賢不事長鄉寵清時養材傑杞梓方培擁未應遺合抱取用及把拱如君尚出麾顧我宜耕壠告歸謝先手求去悔不勇豈云慕廉退實自知衰冗爲君掃棠陰畫像或相踵

蜀中太守無不畫像者

題李伯時畫趙景仁琴鶴圖二首

清獻先生無一錢故應琴鶴是家傳誰知黙鼓無絃曲時向珠宫舞幻仙
醜石寒松未易親聊將短曲調長人乘軒故自非明眼終日僛僛舞爨薪

次前韻再送周正孺

東川得望郎坐與西爭重高風傾石室舊學鄙文冢蜀人安使君所至野不聳竹馬迎細侯大錢送劉寵遥知句谿路老穉相扶擁看畫古叢祠百怪朝幽拱牛頭與兜率雲木蔚堆壠醉鄉追舊游筆陣賈餘勇聊將詩酒樂一掃簿書冗西風吹好句珠玉本無踵

劉蜿文冢
銘在梓州

書王定國所藏煙江疊嶂圖 王晋卿畫

江上愁心千疊山浮空積翠如雲煙山耶雲耶遠莫
知煙空雲散山依然但見兩崖蒼蒼暗絕谷中有百
道飛來泉縈林絡石隱復見下赴谷口為奔川川平
山開林麓斷小橋野店依山前行人稍度喬木外漁
舟一葉江吞天使君何從得此本點綴毫末分清妍
不知人間何處有此境徑欲往買二頃田君不見武
昌樊口幽絕處東坡先生留五年春風搖江天漠漠
暮雲捲雨山娟娟丹楓翻鴉伴水宿長松落雪驚醉

眠桃花流水在人世武陵豈必皆神仙江山清空我
塵土雖有去路尋無緣還君此畫三歎息山中故人
應有招我歸來篇

次韻王定國會飲清虛堂

何遜揚州又幾年官梅詩興故依然何人可復聞季
孟與子不妨中聖賢卜築君方淮上郡歸心我已斂
南川此身正似蠶將老更盡春光一再眠

興龍節侍宴前一日微雪與子由同訪王

定國小飲清虛堂定國出數詩皆佳而五
言尤奇子由又言昔與孫巨源同過定國

感念存没悲歎久之夜歸稍醒各賦一篇

明日朝中以示定國也

天風淅淅飛玉沙詔恩歸沐休早衙遥知清虚堂裏雪正是簷蔔林中花出門自笑無所詣呼酒持勸惟君家踏冰凌兢戰疲馬扣門剥啄驚寒鴉羨君五字入詩律欲與六出爭天葩頭風已倩檄手愈背癢恰得仙爪爬銀缾瀉油浮蟻酒紫盌鋪粟盤龍茶幅巾起作鴝鵒舞疊鼓誰摻漁陽撾九衢燈火雜夢寐十年聚散空咨嗟明朝握手殿門外共看銀闕暾晨霞

王晉卿所藏著色山二首

縹渺營丘水墨仙浮空出沒有無間爾來一變風流
盡誰見將軍著色山
犖确何人似退之意行無路欲從誰宿雲解駮晨光
漏獨見山紅澗碧時

次韻黃魯直效進士作歲寒知松柏詩

龍蟄雖高卧雞鳴不廢時炎冷徒自變茂悦兩相知
已負棟梁質肯為兒女姿那憂霜貿貿未喜日遲遲
難與夏蟲語永無秋實悲誰知此植物亦解秉天彝

王晉卿作煙江疊嶂圖僕賦詩十四韻晉
卿和之語特奇麗因復次韻不獨紀其詩

畫之美亦為道其出處契闊之故而終之
以不忘在莒之戒亦朋友忠愛之義也
山中舉頭望日邊長安不見空雲煙歸來長安望山
上時移事改應潸然管絃去盡賓客散惟有馬埒編
金泉渥洼故自千里足要飽風雪輕山川屈居華屋
啗棗脯十年俯仰龍旂前却因病瘦出奇骨鹽車之
厄寧非天風流文采磨不盡水墨自與詩爭妍畫山
何必山中人田歌自古非知田鄭虔三絕君有二筆
勢挽回三百年欲將巖谷亂窈窕眉峯脩嫮誇連娟
人間何有春一夢此身將老蚕三眠山中幽絕不可

久要作平地家居仙能令水石長生眼非君好我當誰緣願君終不忘在莒樂時更賦囚山篇（柳子厚有囚山賦）

夜直玉堂携李之儀端叔詩百餘首讀至夜半書其後

玉堂清冷不成眠伴直難呼孟浩然暫借好詩消永夜每逢佳處輒參禪愁侵硯滴初含凍喜入燈花欲鬭妍寄語君家小兒子他時此句一時編

景仁和賜酒燭詩復次韻謝之（時公方進新樂）

笙磬分均上下堂（舊說堂上之樂皆受笙均堂下之樂皆受磬均）游魚舞獸自奔忙朱絃初識孤桐韻（舊樂金石聲高而絲聲微今樂金石與絲聲皆著）

王琯猶聞秬黍香舊法以尺生律今以黍定律以律生尺萬事今方啓
伯始一斑我亦愧真長此生會見三雍就無復寀寀
歎未央

次韻劉貢父春日賜幡勝

寬詔隨春出內朝二軍喜氣挾狐貂鏤銀錯落翻斜
月翦綵繽紛舞慶霄臘雪強飛纔到地前日微雪曉風偷
轉不驚條脫冠徑醉應歸卧便腹從人笑老韶是日幕次賜酒

再和

與君流落偶還朝過眼紛綸七葉貂莫笑華顛飄彩
勝幾人黃壤隔青霄行吟未許窮騷雅坐嘯猶能出

教條記取明年江上郡五更春枕夢春韶

葉公秉王仲至見和次韻答之

袗絺方暑亦堪朝歲晚淒風憶皁貂共喜鵷鸞歸禁籞心知日月在重霄君如老驥初遭絡我似枯桑不受條強鑷霜須簪彩勝蒼顏得酒尚能韶

再和

衰遲何幸得同朝温勁如君合珥貂誰惜異材棠徑寸自憐枯枿借凌霄光風泛泛初浮水紅糝離離欲綴條後日一樽何處共奉常端冕作咸韶

次韻王晉卿惠花栽栽所寓張退傳第中

一首

坐來念念失前人共向空中寓一塵若問此花誰是主天教閑客管青春

次韻王晉卿上元侍燕端門

月上九門開星河繞露臺君方枕中夢我亦化人來光動仙毬縋香餘步輦回相從穿萬馬衰病若為陪

王鄭州挽詞 克臣

羨君華髮起琳宮右輔初還鼓角雄千里農桑歌子產一時冠蓋慕蕭嵩那知聚散春粮外便有悲歡過隙中京兆同僚幾人在猶思對案筆生風予為開封幕與子難同廳

書王定國所藏王晉卿畫著色山二首

白髮四老人何曾在商顔煩君紙上影照我胷中山

山中亦何有木老土石頑正頼天日光澗谷紛斕斑

我心空無物斯文定何閒君看古井水萬象自往還

君歸嶺北初逢雪我亦江南五見春寄語風流王武

子三人俱是識山人

送呂昌明知嘉州

不羨三刀夢蜀都聊將八詠繼東吴卧看古佛凌雲

閣敕賜詩人明月湖得句會應緣竹鶴思歸寧復為

蓴鱸橫空好在脩眉色頭白猶堪乞左符

次韻黄魯直寄題郭明父府推潁州西齋

二首

樹頭啄木常疑客客去而嗔定不然脱轄已應生井沫解衣聊復起庖煙平生詩酒真相汙此去文書恐獨賢早晚西湖映華髮小舟翻動水中天

寂寞東京月旦州德星無復綴珠旒莫嗟平輿空神物尚有西齋接勝流春夢屢尋湖十頃家書新報橘千頭雪堂亦有思歸曲為謝平生馬少游輿音預

東坡集卷第十七

[illegible]

[illegible]

[illegible]

[illegible]

[illegible]

[illegible]

次韻黃魯直寄題郭明父府推潁州西齋

二首

東坡集卷第十八

詩一百一十七首

次韻秦少章和錢蒙仲

碧畦黃隴稻如京歲美人和易得情鑑裏移舟天外

思地中鳴角古來聲山圍故國城空在潮打西陵意

未平二子有如雙白鷺隔江相照雪衣明

次韻錢越州

髯尹超然定逸群南遊端為訪雲門謫仙歸侍玉皇

案老鶴來乘刺史轓已覺簿書哀老子故知籩豆有

司存年來齒頰生荆棘習氣因君又一言

同秦仲二子雨中游寶山

平明已報百吏散半日來陪二子閑立鵲低昂煙雨裏行人出沒樹林間

去杭十五年復游西湖用歐陽察判韻

我識南屏金鯽魚重來拊檻散齋餘還從舊社得心印似省前生覓手書葑合平湖久蕪漫人經豐歲尚凋疎誰憐寂寞高常侍老去狂歌憶孟諸

與莫同年雨中飲湖上

到處相逢是偶然夢中相對各華顛還來一醉西湖雨不見跳珠十五年

送子由使契丹

雲海相望寄此身那因遠適更沾巾不詞馹騎凌風雪要使天驕識鳳麟沙漠回看清禁月湖山應夢武林春單于若問君家世莫道中朝第一人

次韻荅劉景文左藏

我老詩壇仆鼓旗借君佳句發良時但空賀監杯中物莫示孫郎帳下兒夜燭催詩金燼落秋芳壓帽露華滋故應好語如爬癢有味難名只自知

坐上復借韻送岢嵐軍通判葉朝奉

雲間踏白看纒旗莫忘西湖把酒時夢裏吳山連越

嶠樽前羌婦雜胡兒夕烽過後人初醉春鴈來時雪未滋為問從軍真樂否書來粗遣故人知

軾始於文登海上得白石數升如芡實可作枕聞梅丈嗜石故以遺其子子明學士子明有詩次其韻

海隅荒怪有誰珍零落珊瑚泣季倫法供坐令微物重軾舊有怪石供色難歸致孝心純只疑薏苡來交阯未信蠙珠出泗濱願子聚為江夏枕不勞麾扇自寍親

次韻錢越州見寄

莫將牛弩射羊群卧治何妨晝掩門稍喜使君無疾

病時因送客見車幡搔頭白髮秋無數閉眼丹田夜自存欲息波瀾須引去吾儕豈獨坐多言

文登蓬萊閣下石壁千丈爲海浪所戰時有碎裂淘灑歲久皆圜熟可愛土人謂此彈子渦也取數百枚以養石昌蒲且作詩遺垂慈堂老人

蓬萊海上峯玉立色不改孤根捍滔天雲骨有破碎陽侯殺廉角陰火發光采纍纍彈丸閒瑣細或珠琲閻浮一漚耳真妄果安在我持此石歸袖中有東海垂慈老人眼俯仰了大塊置之盆盎中日與山海對

明年菖蒲根連絡不可解儻有蟠桃生旦莫猶可待

次韻毛滂法曹感雨詩

江南佳公子遺我錦繡端攬之温如春公子焉得寒
興雨自有時膚寸便濛霮斂藏以自潤升斗何足干
空庭月與影強結三友歡我豈不足歟要此清團圞
所歡在一醉常恐樽中乾捨酒尚可樂明珠如彈丸
但恐千仞雀怱怱發虛彈追子閑暇時種子田中丹
一朝涉世故空腹容欺謾我頃在東坡秋菊為夕餐
永愧坡閒人布褐為我完雪堂初覆瓦上簟無下莞
時時亦設客每醉箇輙殫一笑便傾倒五年得輕安

公子豈我徒衣缽傳一箪定非郊與島筆勢江河寬
悲吟古寺中穿帷雪漫漫他年記此味芋火對懶殘

送鄧宗古還鄉

廣漢有姜子孝弟行里閭赤眉雖豺虎弛兵過其墟
至今空清泉無復雙鯉魚南鄭有李郃得妙甘公書
夜坐指流星驚倒兩使車抱關不肯仕布褐蒙璠璵
西南固多士君得二子餘凜凜忠文公搜士及樵漁
澗谿有幽討蘋芷真嘉蔬歲晚終不食心惻當何如

參寥上人初得智果院會者十六人分韻

賦詩軾得心字

漲水返舊壑飛雲思故岑念君忘家客亦有懷歸心三間得幽窩數步藏清深攢金盧橘塢散火楊梅林茶筍盡禪味松杉真法音雲崖有淺井玉醴常半尋遂名參寥泉可濯幽人襟相攜橫嶺上未覺衰年侵一眼吞江湖萬象涵古今願君更小築歲晚解我簪

哭王子立次兒子迨韻三首

彭城初識子照眼白而長異夢成先兆予為密州子立未嘗相識忽告同舍生曰吾夢為密州婿何也已而果以子由之子妻之清言得未嘗豈惟知禮意遂欲補詩亡子立能詩而有禮學咄咄真相逼諸生敢鴈行非無伯鸞志獨有子雲悲恨子非天合猶能使我思

兒曹莫淒慟老眼欲枯萎會哭皆豪傑誰為感舊詩

子立與黃魯直張文潛晁無咎秦少游陳無已皆友善

龍困嘗魚服羊儇或虎豢怱怱成鬼録憒憒到天公

偶落藩墻上同游羿彀中回看十年事黃葉卷秋風

異鵲 并敘

熙寧中柯侯仲常通守漳州以救飢得民有二鵲栖其廳事訖侯之去鵲亦送之漳人異焉為賦此詩

昔我先君子仁孝行於家家有五畝園么鳳集桐花

是時烏與鵲巢鷇可俯拏憶我與諸兒飼食觀群呀

異人驚瑞異野老笑而嗟云此方乳哺甚畏鳶與虵

手足之所及二物不敢加主人若可信衆鳥不我遐
故知中孚化可及魚與蝦柯侯古循吏悃愊真無華
臨漳所全活數等江干沙仁心格異族兩鵲栖其衙
但恨不能言相對空楂楂善惡以類應古語良非夸
君看彼酷吏所至號鬼車

次韻詹適宣德小飲巽亭

君方夢謫仙（來詩記李白郎官湖）我亦弔文園江上同三黜天
涯又一樽濤雷殷白晝梅雪耿黃昏歸去多情雨應
隨御史軒（詹為御史主簿）

東川清絲寄魯冀州戲贈

鸑溪清絲清如冰上有千歲交枝藤藤生谷底飽風雪歲晚忽作龍虵升嗟我雖為老侍從骨寒只受布與繒床頭錦衾未還客坐覺芒刺在背膺豈如髯卿晚乃貴福禄正似川方增醉中倒着紫綺裘下有半臂出縹綾封題不敢妄裁翦刀尺自有佳人能遥知千騎出清曉積雪未放游塵興白須紅帶柳絲下老弱空巷人相登但放奇紋出領袖吾髯雖老無人憎

怡然以垂雲新茶見餉報以大龍團仍戲

作小詩

妙供來香積珍烹具太官揀芽分雀舌賜茗出龍團

曉日雲庵暖春風浴殿寒聊將試道眼莫作兩般看

次韻王忠玉遊虎丘絕句三首

當年太白此相浮老守娛賓得二丘（郡人有閭丘公太守王規父嘗云不謂虎丘即謂閭丘規父忠玉伯父也）白髮重來故人盡空餘叢桂小山幽

青蓋紅旗映玉山新詩小草落玄泉風流使者人爭看知有真娘立道邊（虎丘中路有真娘墓）

舞衣歌扇轉頭空只有青山杳靄中莫共吳王鬬百草使君未敢借驚鴻

寄蔡子華

故人送我東來時手栽荔子待君歸荔子已丹吾髮

白猶作江南未歸客江南春盡水如天腸斷西湖春
水舩想見青衣江畔路白魚紫筍不論錢霜髯三老
如霜檜舊交零落今誰輩莫從唐舉問封侯但遣麻
姑更爬背

和錢四寄其弟龢

再見濤頭涌玉輪煩君久駐浙江春年來揔作維摩
病堪笑東西二老人

卧病彌月聞垂雲花開順闍梨以詩見招

次韻荅之

道人心似水不礙照花妍燕坐春強半清陰月屢遷

平生無起滅一念有陳鮮娟娟風枝舉離離日萼蔫病吟終少味老醉不成顛何必遨頭出湖中有散仙

故周茂叔先生濂谿（谿在廬山下）

世俗眩名實至人疑有無怒移水中蟹愛及屋上烏坐令此溪水名與先生俱先生本全德廉退乃一隅因拋彭澤米偶似西山夫遂即世所知以為溪之呼先生豈我輩造物乃其徒應同柳州柳聊使愚溪愚

次韻子由使契丹至涿州見寄四首

老人癡鈍已逃寒子復辭行理亦難要到盧龍看古塞投文易水弔燕丹（余昔年辭免使北）

胡羊代馬得安眠窮髮之南共一天又見子卿持漢節遥知遺老泣山前

氈毳年來亦甚都時時鴂舌問三蘇予與子由入京時北使已問所在後始憶庚寅降屈原旋看蠟鳳戲僧虔隨翁萬里心如鉄此子何勞為買田時猶子遲侍行

余館伴北使屢誦三蘇文那知老病渾無用欲問君王乞鏡湖

雪後便欲與同僚尋春一病彌月雜花都盡獨牡丹在耳劉景文左藏和順闍梨詩見贈次韻荅之

殘花怨久病剩雨泣餘妍不見雙旌出空令九陌遷

開園市井皆入知君苦寂寞妙語嚼芳鮮淺紫從爭發浮紅任早蔫天葩尚青萼國色待華顛載酒邀詩將臞儒不是仙

次韻劉景文周次元寒食同游西湖

絮飛春減不成年老境同乘下瀨船藍尾忽驚新火後樂天寒食詩云三盃藍尾酒一楪膠牙餳遨頭要及浣花前成都太守自正月二日出游至四月十九日浣花乃止山西老將詩無敵洛下書生語更妍共向北山尋二士畫橈鼉鼓聒清眠

連日與王忠玉張全翁游西湖訪北山清順道潛二詩僧登垂雲亭飲參寥泉最後

過唐州陳使君夜飲忠王有詩次韻荅之

北山非自高千仞付我足西湖亦何有萬象生我目雲深人在塢風静響應谷與君皆無心信步行看竹竹間逢詩鳴眼色奪湖淥百篇成俯仰二老相追逐故應千頃池養此一雙鵠山高路已斷亭小膝屢促夜尋三尺井渴飲半甌玉明朝鬧絲管寒食雜歌哭使君坐無聊狂客來不速載酒有鴟夷扣門非啄木浮蛆灩金盌翠羽出華屋須叟便陳迹覺夢那可續及君未渡江過我勤秉燭一笑換人爵百年終鬼録

新茶送簽判程朝奉以餽其母有詩相謝

次韻荅之

縫衣付與溧陽尉捨肉懷歸穎谷封聞道平反供一笑會須難老待千鍾火前試焙分新胯雪裏頭綱輟賜龍從此升堂是兄弟一甌林下記相逢

次韻送張山人歸彭城

羨君飄蕩一虛舟來作錢塘十日遊水洗禪心都眼淨山供詩筆揔眉愁雪中乘興真聊爾春盡思歸却罷休何日五湖從范蠡種魚萬尾橘千頭

次韻林子中王彥祖唱酬

早知身寄一漚中晚節尤驚落木風近聞莘老公擇皆逝故有此句

昨夢已論三世事，歲寒猶喜五人同。軾與子中彥祖子敦完夫同試舉人景德寺今皆健

兩餘北固山圍座，春盡西湖水映空。差勝四明狂監在，更將老眼犯塵紅。

壽星院寒碧軒

清風肅肅搖窻扉，窻前脩竹一尺圍。紛紛蒼雪落夏簟，冉冉緑霧霑人衣。日高山蟬抱葉響，人靜翠羽穿林飛。道人絕粒對寒碧，為問鶴骨何緣肥。

書劉景文所藏王子敬帖絕句

家雞野鶩同登俎，春蚓秋蛇摠入奩。君家兩行十二字，氣壓鄴侯三萬籤。

書劉景文所藏宗少文一筆畫

宛轉回紋錦縈盈連理花何須郭忠恕匹素畫繅車

真覺院有洛花花時不暇往四月十八日

與劉景文同往賞枇杷

綠暗初迎夏紅殘不及春魏花非老伴盧橘是鄉人

井落依山盡巖崖發興新歲寒君記取松雪看蒼鱗

又和劉景文韻

牡丹松檜一時栽付與春風自在開試問壁間題字

客幾人不為看花來

西湖壽星院此君軒

臥聽謖謖碎龍鱗俯看蒼蒼立玉身一舸鴟夷江海去尚餘君子六千人

仲天貺王元直自眉山來見余錢塘留半歲既行作絕句五首送之

仲君豈弟多學王子清脩寡言病後空驚鶴瘦時來或作鵬騫

海角煩君遠訪江源與我同來剩作數詩相送莫教萬里空回

三人一旦同行二子與秦少章同寓高齋復同舟北行留下高齋月明

遥想扁舟京口尚餘孤枕潮聲

更欲留君久住念君去國彌年空使犀顱玉頰長懷鬅鬠悽然

爲予遠致慇懃瑞草橋邊老人紅帶雅宜華髮白醪光泛新春老人王慶源也

贈善相程傑

心傳異學不謀身自要清時閱搢紳火色上騰雖有數急流勇退豈無人書中苦覓元非訣醉裏微言却近真我似樂天君記取華顛賞遍洛陽春

次韻林子中蒜山亭見寄

奇逸多聞老敬通何人慷慨解憐翁十年簿領催衰

白一笑江山發醉紅聞道賦詩臨北固未應舉扇向西風叩頭莫喚無家客歸掃岷峩一畝宫

再和并荅楊次公

毗盧海上妙高峯二老遥知説此翁聊復艤舟尋紫翠不妨持節散陳紅高懷却有雲門興好句真傳雪竇風唱我三人無譜曲馮夷亦合舞幽宫

次韻劉景文送錢蒙仲三首

誰識天閑老驥不爭日暮長途送盡青雲九子歸去扁舟五湖

寄語竹林社友同書桂籍天倫王郎獨爲鬼録世間

無此玉人

五字古原春草千金漢殿長門經緯尚餘三策典刑留與諸孫

菩提寺南漪堂杜鵑花

南漪杜鵑天下無披香殿上紅氍毹鶴林兵火真一夢不歸閬苑歸西湖

題楊次公春蘭

春蘭如美人不採羞自獻時聞風露香蓬艾深不見

丹青寫真色欲補離騷傳對之如靈均冠佩不敢燕

題楊次公蕙

蕙本蘭之族依然臭味同曾為水仙佩相識楚詞中
幻色雖非實真香亦竟空云何起微馥鼻觀已先通

次韻曹輔寄壑源試焙新芽

仙山靈雨濕行雲洗遍香肌粉未勻明月來投玉川
子清風吹破武林春要知玉雪心腸好不是膏油首
面新戲作小詩君一笑從來佳茗似佳人

次韻袁公濟謝芎椒詩

燥吻時時著酒濡要令臥疾致文殊河魚潰腹空號
楚汗水流骸始信吳（吳真君服椒法云半年脚心汗如水）自笑方求三
歲艾不如長作獨眠夫羨君清瘦真仙骨更助飄飄

鶴背軀

次韻和楊次公惠徑山龍井水 龍井水洗病眼有效

漏盡雞號厭夜行年來小器溢缾罌弃官縱未歸東海罷郡猶堪作水衡幻色將空眼先暗勝游無礙脚殊輕空煩遠致龍淵水盌復臨池似伯英

次韻劉景文登介亭

澤國梅雨餘衰年困烝溽高堂磨新塼頗覺利胥足松根百尺井兩綆飛淨淥流觴聚兒童一笑為捧腹清風信可馭剛氣在巖麓始知共此世物外無三伏長歌入雲去不待絃管逐西湖真西子煙樹點眉目

濤江少醞藉高浪翻雪屋俛仰拊四海百世飛鳥速
遠追錢氏餘近弔祖侯躅吾生如寄耳寸晷輕尺玉
誰似劉將軍逸韻謝邊幅千言一揮手五車不再讀
春巖彩雉舞月峽哀猿哭朝先啼鴂起莫與寒螿續
我老廢吟哦賴君時擊觸從今事遠覽發軔此幽谷
清游得三昧至樂謝五欲莫作狂道士氣壓劉師服

袁公濟和劉景文登介亭詩復次韻荅之

昏昏墮醉夢柰此六月溽君詩如清風吹我朝睡足
登臨得佳句江白照湖淥袖手獨不言默藁已在腹
是時風雨過鵠鵠雲歸麓踈星帶微月金火爭見伏

惜哉此清景變滅不可逐歸來讀君詩耿耿猶在目

却思少年日聲價爭場屋文如翻水成賦作乂手速

秋風起鴻鴈我亦繼華躅那知君蹭蹬獨泣荆山玉

相見南新道青衫垂破幅早知事大繆恨不十年讀

莫嫌馮唐老終勝賈誼哭今年復為僚舊好許重續

升沈何足道等是蠻與觸共為湖山主出入窮澗谷

衆馳君不爭人弃我所欲何時神武門相約挂冠服

介亭餞楊傑次公

籃輿西出登山門嘉與我友尋仙村丹青明滅風篁

嶺環珮空響桃花源郡人謂介亭山下為桃源路前朝欲上已蠟

屐黑雲白雨如傾盆今晨積霧卷千里豈畏觸熱生病根在家頭陁無為子久與青山為弟昆孤峯盡處亦何有西湖鏡天江抹坤臨高麾手謝好佳清風萬壑傳其言風回響荅君聽取我亦到處隨君軒

次京師韻送表弟程懿叔赴夔州運判

與子甥舅氏摧頹各蒼顏並為東諸侯長此佳江山寒松無時花安得揷髻鬟惟將老不死一笑榮枯間我甚似樂天但無素與蠻挂冠及未耄當獲一紀閑子亦拙進取才高命堅頑譬如萬斛舟行此九折灣仲氏新得道一漚目塵寰君之兄德孺自言近於佛法有得歲晚家

鄉路莫遣生榛菅

葉教授和源字韻詩復次韻為戲記龍井之游

先生魯諸儒飲食清不源空腸出秀句吟嚼五味足華堂鬧絲管盻子漲春緑先生疾走避面冷毒在腹歸來賁猻葉弟子歌早麓聲淫及靈臺中有麀鹿伏功名一走兎何用千人逐故應容我輩清座時閉目高亭石排衙木杪挂飛屋我來無時節客亦不待速似聞雪髯叟西嶺訪遺躅朝陽入潭洞金碧涵水玉泉扉夜不扃雲袂本無幅慈皇付實偈神侶得幽讀

訥庵有老人宴坐天魔哭時來獻纓絡法供燈相續
吾儕詩酒汙欲往無乃觸齋廚費晨炊車騎滿山谷
願聞第一義鉢飯非所欲便投切雲冠予㓜好奇服

次韻林子中見寄

飄零洛社數遺民詩酒當年困惡賓元亮本無適俗
韻孝章要是有名人蒜山小隱雖為客江水西來亦
帶岷卷却西湖千頃葑笑看魚尾更莘莘

安州老人食蜜歌 贈僧仲殊

安州老人心似鐵老人心肝小兒舌不食五穀惟食
蜜笑指蜜蜂作檀越蜜中有詩人不知千花百草爭

含姿老人咀嚼時一吐還引世間癡小兒小兒得詩
如得蜜蜜中有藥治平百病正當狂走促風時一笑
看詩百憂失東坡先生取人廉幾人相歡幾人嫌恰
似飲茶甘苦雜不如食蜜中邊甜佛云吾言譬如食蜜中邊皆甜因
君寄與雙龍餅鏡空一照雙龍影三吳六月水如湯
老人心似雙龍井

次韻錢穆父紫薇花二首

虛白堂前合抱花秋風落日照橫斜閱人此地知多
少物化無涯生有涯虛白堂前紫薇兩株俗云樂天所種
折得芳蕤兩眼花題詩相報字傾斜箧中尚有絲綸

句坐覺天光照海涯樂天詩云絲綸閣下文書靜鐘鼓樓中刻漏長獨坐黄昏誰是伴紫薇花對紫薇郎上嘗書此詩以賜軾

送張嘉州

少年不願萬戶侯亦不願識韓荆州頗願身為漢嘉守載酒時作凌雲遊虛名無用今白首夢中却到龍泓口浮雲軒晃何足言惟有江山難入手峩眉山月半輪秋影入平羗江水流謫仙此語誰解道請君見月時登樓笑談萬事真何有一時付與東巖酒佛峽人家白酒舊有名歸來還受一大錢好意莫違黄髪叟

次韻蘇伯固主簿重九

雲閒朱袖拂雲和知是長松挂女蘿髻重不嫌黃菊滿手香新喜緑橙搓墨翻衫袖吾方醉紙落雲煙子患多只有黃雞與白髮玲瓏應識使君歌

送李陶通直赴清溪

忠文文正二大老司馬溫公范蜀公君之師友蘇李廣平三舍人蘇子容宋次道與先公才元熙寧中封還李定詞頭天下謂之三舍人喜見通家賢子弟自言得邑少風塵從來勢利關心薄此去溪山琢句新肯向西湖留數月錢塘初識小麒麟

次韻楊公濟奉議梅花十首

梅梢春色弄微和作意南枝翦刻多月黑林閒逢縞

袂霸陵醉尉誤誰何
相逢月下是瑶臺藉草清樽連夜開明日酒醒應滿
地空令飢鶴啄莓苔
緑髮尋春湖畔回萬松嶺上一枝開而今縱老霜根
在得見劉郎又獨來
月地雲堦漫一樽玉奴終不負東昏臨春結綺荒荆
棘誰信幽香是返魂
日出冰湖散水花野梅官柳漸攲斜西郊欲就詩人
飲黄四娘東子美家
君知早落坐先開莫著新詩句句催嶺北霜枝最多

思忍寒留待使君來
冰盤未薦含酸子雪嶺先看耐凍枝應笑春風木芍
藥豐肌弱骨要人醫
寒雀喧喧凍不飛遶林空啅未開枝多情好與風流
伴不到雙雙燕語時
蛟綃翦碎玉簪輕檀暈粧成雪月明肯伴老人春一
醉懸知欲落更多情
縞裘練帨玉川家肝膽清新冷不邪穠李爭春猶辦
此更教踏雪看梅花

贈劉景文

荷盡已無擎雨蓋菊殘猶有傲霜枝一年好處君須記最是橙黄橘緑時

謝關景仁送紅梅栽二首

年年芳信負紅梅江畔垂垂又欲開珍重多情關令尹直和根撥送春來

為君栽向南堂下記取他年著子時酸釅不堪調衆口使君風味好攢眉

辯才老師退居龍井不復出入軾往見之常出至風篁嶺左右驚曰遠公復過虎溪矣辯才笑曰杜子美不云乎與子成二老

來往亦風流因作亭嶺上名之曰過溪亦

曰二老謹次辯才韻賦詩一首

日月轉雙轂古今同一丘惟此鶴骨老凛然不知秋
去住兩無礙人大爭挽留去如龍出山雷雨卷潭湫
來如珠還浦魚鼈爭駢頭此生暫寄寓常恐名實浮
我比陶令愧師為遠公優送我還過溪溪水當逆流
聊使此山人永記二老遊大千在掌握寧有離別憂

送程之邵簽判赴闕

夜光不自獻天驥良難知從來一狐腋或出五羖皮
賢哉江東守收此幕中奇無華豈易識既得不自隨

留君望此府助我憐其衰二年促膝語一旦長挹辭
林深伏猛在岸改潛珍移去此當安從失君徒自悲
念君瑚璉質當今臺閣宜去矣會有合豈常懷其私
寄題梅宣義園亭
仙人子眞後還隱吳市門不惜十年力治此五畝園
初期橘為奴漸見桐有孫清池壓丘虎異石來湖黿
敲門無貴賤遂性各琴尊我本放浪人家寄西南坤
敝廬雖尚在小圃誰當樊羨君欲歸去柰此未報恩
愛予幸僚友久要疑弟昆明年過君西飲我空缾盆
熙寧中軾通守此郡除夜直都廳囚繫皆

滿日莫不得返舍因題一詩于壁今二十

年矣衰病之餘復忝郡寄再經除夜庭事

蕭然三圄皆空蓋同僚之力非拙朽所致

因和前篇呈公濟子侔二通守

前詩

除日當早歸官事乃見留執筆對之泣哀此繫中囚

小人營餱粮墮網不知羞我亦戀薄禄因循失歸休

不須論賢愚均是為食謀誰能暫縱遣閔默愧前修

今和

山川不改舊歲月逝肯留百年一俯仰五勝更平王囚

同僚比岑范德業前人羞坐令老鈍守嘯諾獲少休
却思二十年出處非人謀齒髮付天公缺壞不可修
遊寶雲寺得唐彥猷為杭州日送客舟中
手書一絶句云山雨霏微不滿空畫舩來
往疾輕鴻誰知獨卧朱簾裏一榻無塵四
面風明日送彥猷之子垌赴鄂州舟中遇
微雨感歎前事因和其韻作兩首送之且
歸其書唐氏
二妙凋零筆法空忽驚雲海戲群鴻清詩不敢私囊
篋人道黃門有父風黃門衞桓也

出處榮枯一笑空十年社燕與秋鴻誰知白首長河
路還盱當時送客風

送江公著知吉州

三吳行盡千山水猶道桐廬更清美豈惟濁世隱狂
奴時平亦出佳公子初冠惠文讀城旦晚入奉常陪
劔履方將華省起彈冠忽憶釣臺歸洗耳未應良木
弃大匠要使名駒試千里奉親官舍當有擇得郡江
南差可喜白粲連檣一萬艘紅粧執樂三千指簿書
期會得餘閑亦念人生行樂耳二耳義不同故得重用

聞錢道士與越守穆父飲酒送二壺

龍根為脯玉為漿下界寒酷亦漫嘗一紙鵝經逸少
醉他年鵬賦謫仙狂金丹自足留衰鬢苦淚何須點
別腸吳越舊邦遺澤在定應符竹付諸郎

次韻劉景文路分上元

華燈閟艱歲泠月挂空府三吳重時節九陌自歌舞
云從月幾望遂至一百五嘉辰可屈指樂事相繼武
今宵掃雲陣極目淨天宇嬉遊各忘歸闐咽頃未覩
飛毬互明滅激水相吞吐老去反兒童歸來尚鐃鼓
新年消晴雪舊歲添絲縷何時九江城相對兩漁父予舊欲卜居廬山景文近買宅江州

再和楊公濟梅花十絕

一枝風物便清和看盡千林未覺多結習已空從著
袂不須天女問云何

天教桃李作輿臺故遣寒梅第一開憑仗幽人收艾
納國香和雨入青苔

白髮思家萬里回小軒臨水為花開故應剩作詩千
首知是多情得得來

人去殘英滿酒樽不堪細雨濕黃昏夜寒那得穿花
蝶知是風流楚客魂

春入西湖到處花裙腰芳草抱山斜盈盈解佩臨煙

浦脉脉當壚傍酒家

莫向霜晨怨未開白頭朝夕自相催斬新一朶含風
露恰似西廂待月來

洗盡鉛華見雪肌要將眞色鬭生枝檀心已作龍涎
吐玉頰何勞獺髓醫

湖面初驚片片飛尊前吹折最繁枝何人會得春風
意怕見梅黃雨細時

長恨漫天柳絮輕只將飛舞占清明寒梅似與春相
避未解無私造物情

北客南來豈是家醉看參月半橫斜他年欲識吳姬

面秉燭三更對此花

與葉涥老俟敦夫張秉道同相視新河秉道有詩次韻二首

君不見元帥府前羅萬戟濤頭未順千弩射至今鳳皇山下路長借一箭開兩翼我鑿西湖還舊觀一眼已盡西南碧又將回奪浮山險千艘夜下無南北坐陳三策本人謀惟留一諾待我畫老病思歸真暫寓功名如幻終何得從來自笑畫蛇足此事何殊食雞肋憐君嗜好更迂闊得我新詩喜折屐江湖粗了我徑歸餘事後來當潤色一庵閑卧洞霄宫井有丹沙

水長赤

荆溪父老愁三害下斬長蛟本無賴平生倔強韓退

之文字猶爲鰐魚戒石門之役萬金耳首鼠不爲吾

已隘江湖開塞古有數兩鵲飛來告成壞勸農使者

非常人一言已破黎民駭上饒使君更超逸坐睨浮

山如累塊鬚髯張乃我結襪生詩酒淋漓出狂怪我作

水衡生作丞他日歸朝同此拜

椶筍并敘

椶筍狀如魚剖之得魚子味如苦筍而加甘芳蜀人

以饌佛僧甚貴之而南方不知也筍生膚毛中蓋花

之方孕者正二月間可剥取過此苦澀不可食矣取之無害於木而宜於飲食法當烝熟所施略與筍同蜜煮酢浸可致千里外今以餉殊長老

贈君木魚三百尾中有鵞黄子魚子夜义剖瓔欲分甘籜龍藏頭敢言美頤隨蔬果得自用勿使山林空老死問君何事食木魚烹不能鳴固其理

次韻曹子方龍山真覺院瑞香花

幽香結淺紫來自孤雲岑骨香不自知色淺意殊深移栽青蓮宇遂冠薝蔔林紉為楚臣佩散落天女襟君持風霜節耳冷歌笑音一逢蘭蕙質稍回鐵石心

置酒要妍暖養花須晏陰及此陰暗間恐致慳嗇霖
絲雲知易散鶺鴒憂先吟明朝便陳迹試著丹青臨

次韻曹子方運判雪中同遊西湖

詞源灧灧波頭展清唱一聲巖谷滿未容雪積句先
高豈獨湖開心自遠雲山已作歌眉淺山下碧流清
似眼尊前侑酒只新詩何異書魚餐蠹簡

次韻仲殊雪中游西湖二首

夜半幽夢覺稍聞竹葦聲起續凍折絃為鼓一再行
曲終天自明玉樓已峥嵘有懷二三子落筆先飛霙
共為竹林會身與孤鴻輕秀語出寒餓身窮詩乃亨

禪老復何為笑指孤煙生我獨念粲者誰與予目成
寶雲樓閣鬧千門林靜初無一鳥喧閉戶莫教風掃
地卷簾疑有月臨軒水光瀲灧猶浮碧山色空濛已
斂昏乞得湯休奇絕句始知鹽絮是陳言

次韻參寥同前

朝來處處白氈鋪樓閣山川盡一如揔是爛銀幷白
玉不知奇貨有誰居

送小本禪師赴法雲

寓形天宇間出處會有役澹然都無營百年何由畢
山林等憂患軒冕亦戲劇我未即歸休師寧便安逸

王城滿豪傑議論分黑白聖諦第一義對面誰不識
師來亦何事孤月挂空碧是身如浮雲安可限南北
出岫本無心既雨歸亦得珠泉有舊約何年挂錫

書渾令公燕魚朝恩圖

咸寍英氣似汾陽夜飲軍中客出紅粧不須纏頭萬匹
錦知卿未辨作呂強

東坡集卷第十八